ESSAI

D'UNE

BIBLIOGRAPHIE HISTORIQUE

DE LA BIBLIOTHÈQUE NATIONALE

PAR

E. PIERRET

Bibliothécaire honoraire à la Bibliothèque Nationale.

PARIS

ÉMILE BOUILLON, ÉDITEUR

67, RUE DE RICHELIEU, 67

1892

A Monsieur Thierry-Poux.

Hommage respectueux

J. Pierret

ESSAI

D'UNE

BIBLIOGRAPHIE HISTORIQUE

DE LA BIBLIOTHÈQUE NATIONALE

JUSTIFICATION DU TIRAGE

200 Exemplaires sur papier ordinaire.

10 Exemplaires sur papier vergé.

ESSAI

D'UNE

BIBLIOGRAPHIE HISTORIQUE

DE LA BIBLIOTHÈQUE NATIONALE

PAR

E. PIERRET

Bibliothécaire honoraire à la Bibliothèque Nationale.

PARIS
ÉMILE BOUILLON, ÉDITEUR
67, RUE DE RICHELIEU, 67
1892

ESSAI D'UNE BIBLIOGRAPHIE HISTORIQUE

DE LA BIBLIOTHÈQUE NATIONALE

PRÉFACE

La philosophie nous enseigne que pour être bonne, une définition doit s'appliquer à tout le défini et au seul défini.

Ce sont les mêmes conditions que l'on réclame d'une bonne bibliographie. La difficulté d'un semblable travail est double en effet, car il faut comprendre dans son cadre tout ce qu'il est nécessaire d'y faire entrer et cela seulement. Pour que le lecteur puisse juger en connaissance de cause jusqu'à quel point nous avons su remplir la tâche que nous nous sommes proposée, nous dirons donc brièvement ce que nous avons eu l'intention de mettre et de ne pas mettre dans le modeste essai que nous plaçons aujourd'hui sous ses yeux.

Nous n'avons pas eu l'intention de cataloguer tout ce qui a été imprimé sur la Bibliothèque Nationale.

Osons l'avouer, l'entreprise eût été au-dessus de nos forces. Les collections de la Bibliothèque, tant en livres imprimés que manuscrits, en estampes, en médailles, et en pierres gravées, sont innombrables.

Depuis le jour (1692) où Colbert ouvrit la Bibliothèque du roi au public, les travailleurs n'ont cessé d'y venir puiser le suc de leurs ouvrages. De ce fait, la quantité des livres où l'on pourrait trouver des mentions plus ou moins longues sur cet antique et vénérable dépôt, comme sur les trésors qu'il renferme, est au-dessus de toute appréciation, même approximative. Chercher à en faire l'inventaire complet eût exigé un travail infini dont la peine n'eût sans doute pas été compensée par un profit égal.

Un choix s'imposait. Celui auquel nous nous sommes arrêtés

est fort simple. A de rares exceptions près, nous nous sommes bornés à relever, dans les travaux qui avaient rapport à notre sujet, ceux qui formaient une unité bibliographique, c'est-à-dire ceux qui avaient fait l'objet d'un volume, d'une brochure ou encore, parmi les articles de journaux, de revues, ceux qui avaient fait l'objet d'un tirage à part. De la sorte, nous avons pu arrêter du même coup un cadre restreint qui permît cependant de laisser entrer les pièces principales, et les plus utiles à connaître, de notre travail. Non pas qu'il faille entendre que les plus volumineuses publications soient toujours les meilleures. Le plus souvent, cependant, les plus importantes font l'objet d'une impression à part.

Aussi bien, nous nous sommes efforcés de donner dans des notes les indications qui, bien qu'intéressantes, ne pouvaient trouver place dans le corps de l'ouvrage sans sortir des limites tracées. Ajoutons que si les catalogues d'anciennes collections de volumes entrées à la Bibliothèque Nationale sont, comme il est naturel, largement représentés dans cet *Essai*, nous n'avons pas cru devoir y faire entrer les nombreuses monographies. On ne s'étonnera donc pas de ne pas trouver ici la mention de publications telles que la *Description de la bible de Charles le Chauve* de M. L. Delisle, ou la *Notice sur le diurnal du roi René II, manuscrit de la Bibliothèque du roi,* par Aimé Champollion. De même nous n'avons pas mentionné à leur place chronologique les tirages à part qui ont été faits pour chaque volume décrit dans les *Notices* de M. Hauréau, mais nous avons seulement indiqué en bloc le volume qui a réuni celles-ci dans la collection de l'*Académie des Inscriptions*. La *règle* étant posée, arrivons à *l'exception*.

Il s'est parfois rencontré qu'aucune publication formant une unité bibliographique ne put être rapprochée d'un événement considérable touchant la Bibliothèque Nationale. En pareil cas, nous avons cru préférable de mentionner à sa date un article de revue, un arrêt, une page du *Cabinet des Manuscrits,* de M. Delisle, plutôt que de laisser une lacune importante dans une énumération où la question historique présente le principal intérêt.

D'ailleurs ces exceptions sont rares.

L'objet de cette publication étant connu, disons l'ordre dans lequel la matière en a été distribuée.

Nous l'avons divisée en deux parties :

I. *Période ancienne.*

II. *Période moderne.*

Dans la première période, nous avons suivi l'ordre chronologique, mais en groupant toujours les ouvrages qui se rapportaient à un même fait ou à une même collection.

Ainsi nous avons réuni sous une même rubrique toutes les publications relatives au *Cabinet de Colbert,* au *Dépôt de Législation,* à la *Bibliothèque de Saint-Germain des Prés,* etc.

Cette période commence à Charles V avec la Librairie de la Tour du Louvre.

C'est là, en effet, que la Bibliothèque royale, qui devait prendre un développement si considérable, planta ses premières racines. La Bibliothèque Nationale conserve encore aujourd'hui de précieux restes de ces lointaines origines[1]. On verra ensuite la Bibliothèque s'accroître, en tout ou en partie, des « Librairies » — comme on disait à cette époque — des ducs de Bourgogne, de Berry, d'Orléans, prendre les noms de « Librairie de Blois » et de « Fontainebleau », et être enfin transférée à Paris, où elle logera successivement au Collège de Clermont, aux Cordeliers, dans les maisons de Colbert et de la rue Vivienne, avant de se fixer à l'hôtel de Nevers, d'où elle ne sortira plus.

Dans cette première partie, nous avons étendu la période révolutionnaire jusqu'en 1796. C'est cette année-là seulement, en effet, que se terminent les accroissements de la Bibliothèque du fait de la Révolution, par l'entrée des restes de la Bibliothèque de Saint-Germain des Prés.

Dans la *Période moderne,* l'ordre chronologique uniforme ne pouvait plus être suivi. Les collections de la Bibliothèque Nationale se divisent, en effet, en quatre parties bien tranchées : Im-

1. Tout dernièrement encore elle a recueilli deux nouvelles épaves de l'ancienne Tour du Louvre. L'une qu'elle a pu acheter : *Le Légilogue et autres traités de dévotion* (ms. fr. 4338 des Nouvelles acquis.). — L'autre a été l'objet d'une restitution que M. Henri Brisson, quand il était président de la Chambre des députés, ordonna de faire à la Bibliothèque nationale. C'est un manuscrit des Fleurs des chroniques de Bernard Gui, en français, lequel, sorti de la Librairie royale à la fin du règne de Charles VI, était arrivé, après beaucoup de vicissitudes, dans la bibliothèque du Palais-Bourbon. (Delisle, *Manuscrits latins et français ajoutés au fonds des Nouvelles acquisitions pendant les années 1875-1891. Préface,* p. xxiv.)

primés — Manuscrits — Estampes — Médailles, qui forment autant de Départements distincts. Il était donc naturel de ne pas les confondre dans notre travail, et nous les avons traités séparément.

Ce n'est cependant pas que ces quatre Départements se soient constitués aussi tard qu'à l'époque où nous avons placé la fin de la première période, 1796. Leur formation remonte à 1720. Mais c'est seulement en 1740 et en 1770 que les grandes collections de Gaignières et de Fontette vont augmenter le Cabinet des Estampes en lui donnant une importance de premier ordre, et il nous a paru qu'il y aurait avantage à ne nous occuper de chaque Département individuellement qu'à partir du XIXe siècle, après que la période révolutionnaire passée eut permis le retour à la Bibliothèque d'un accroissement normal et d'un fonctionnement régulier.

Nous avons commencé notre seconde partie par les *Ouvrages généraux*, c'est-à-dire ceux qui se rapportent à l'ensemble de la Bibliothèque.

Le Département des Manuscrits devait venir en tête des trois autres, puisque son origine remonte aussi loin que celle de la Bibliothèque. On y a joint le *Cabinet des Titres* qui en est une dépendance. L'importance du Département des Imprimés l'a fait placer immédiatement après, bien que son organisation ne remonte pas plus haut que celle du Cabinet des Estampes. Celui-ci passe après le Département des Médailles installé à la Bibliothèque du Roi dès 1667.

Après des fortunes diverses, la *Section de Géographie* a été définitivement rattachée au Département des Imprimés.

Dans chacun de ces Départements nous avons ouvert un chapitre spécial pour les Catalogues[1].

Nous avons jugé plus commode de classer la partie administrative sous une rubrique spéciale. Nous avons aussi mis à part la partie intéressant les bâtiments de la Bibliothèque.

Enfin, nous avons terminé par l'affaire Libri. Le nombre de

1. La nomenclature seule des catalogues a fait l'objet d'un précédent travail paru dans le *Livre* en mai 1889 et tiré à part : *Inventaire détaillé des catalogues usuels de la Bibliothèque Nationale,* par Émile Pierret. — Paris, Quantin, 1889, gr. in-8° de 31 p.

publications imprimées se rapportant à cette affaire célèbre est assez considérable pour constituer un chapitre spécial; il y avait intérêt à dégager les pièces de cet intéressant procès, long de quarante ans, et qui vient seulement d'aboutir, grâce aux persévérants efforts de M. Delisle, l'administrateur actuel de la Bibliothèque Nationale.

Les cotes placées à la fin de chaque article sont celles de la Bibliothèque Nationale. Seuls en sont dépourvus les volumes de *Catalogue* mis à la disposition du public dans leur département respectif. Nous avons marqué (*Arch. Nat.*) les quelques pièces qui viennent de la collection Rondonneau aux Archives Nationales et que M. Maurice Tourneux, le savant bibliographe de l'*Histoire de Paris* a bien voulu nous indiquer.

Chez lui, comme chez M. Paul Lacombe, le plus aimable des *Parisiens*, nous avons reçu l'accueil le plus empressé.

Nous arrivons maintenant à la partie la plus facile de notre tâche, et nous sommes heureux d'exprimer nos remerciements à tous nos collègues de la Bibliothèque Nationale qui ont bien voulu nous aider dans nos recherches et nous faire profiter de leur savoir.

Nous devons cependant mettre à part les noms de MM. Omont et Blanchet dont nous avons mis le plus souvent à contribution la parfaite obligeance.

Nous n'oublierons pas non plus les bons offices de MM. Richert et Patey.

PÉRIODE ANCIENNE

I. — Librairie de la Tour du Louvre. (XIVe-XVe siècle).

1. **Barrois** (J.). — Bibliothèque protypographique ou Librairies des fils du roi Jean, Charles V, Jean de Berri, Philippe de Bourgogne et les siens. — *Paris, Treuttel et Würtz*, 1830, in-4° de XL-346 p. [Inv. Réserve. Q. 321

2311 art. (Six fac-similés). — Tour du Louvre : art. 1-504. — Livres du duc de Berry : art. 505-604. — Librairies de Bourgogne : art. 605-2311. Un grand nombre des mss. de la Tour du Louvre, du duc de Berry et des Librairies de Bourgogne sont conservés à la Bibl. Nat. (Voy. Delisle, *Cabinet des mss.*, I, p. 56 et suiv, et p. 68 et suiv.)

2. **Barrois**. — Inventaire des livres du roy nostre sire Charles V, estans en son chastel du Louvre, à Paris, en 1373. (L'original sur papier se conserve à la Bibliothèque du roi.)

Dans *Bibliothèque protypographique ou Librairies des fils du roi Jean,...* p. 47-86. (504 art.) [Inv. Réserve. Q. 321

3. **Boivin**. — Bibliothèque du Louvre sous les rois Charles V, Charles VI et Charles VII. Dissertation historique. Par M. Boivin le Cadet (1717). — (*S. l. n. d.*), in-4° de 12 p. [Inv. Réserve. Q. 417

Extrait du *Recueil de l'Académie des inscriptions*. Mémoires de Littérature (t. II, p. 747). Paginé 491-512.

On a relié dans ce volume quatre pièces manuscrites :

En tête : 1° *Observations préliminaires de l'éditeur*, 2 p., faisant un rapide historique des bibliothèques royales avant Charles V.

2° Une fiche sur laquelle est calculée la valeur en argent des 853 vol. de la Bibl. du Roi inventoriés en 1413.

A la suite de l'opuscule de Boivin :

3° Suite de l'extrait des Inventaires des livres de Charles V.

4° Suite de la dissertation sur la Bibliothèque royale de Charles V. Supplément. Extrait des Inventaires anciens de la Bibliothèque des rois Charles V, Charles VI et Charles VII, rédigés par Gilles Mallet, 10 p.

La dissertation de Boivin se trouve aussi en tête de l'*Inventaire... des livres de l'ancienne Bibliothèque du Louvre,...* par Gilles Mallet.

4. **Mallet** (Gilles). — Inventaire ou catalogue des livres de l'ancienne

Bibliothèque du Louvre, fait en l'année 1373, par Gilles Mallet, garde de ladite Bibliothèque. Précédé de la dissertation de Boivin le Jeune sur la même bibliothèque, sous les rois Charles V, Charles VI et Charles VII. Avec des notes historiques et critiques. — *Paris, De Bure*, 1836, in-8° de XLIV-262 p. [Inv. Réserve. Q. 407

Contient aussi l'Inventaire de 1411.

(Pour les différents inventaires qui ont été faits de la Bibliothèque du Louvre, voy. Delisle, *Cabinet des mss.*, I, 21 et suiv., III, 114 et suiv.; 334 et suiv.).

Le rouleau contenant l'inventaire de Gilles Mallet (Chartes de Baluze, n° 703) est exposé dans la Galerie Mazarine (Armoire X, n° 4).

A la mort de Charles VI, la Bibliothèque du Louvre fut achetée par le duc de Bedford (22 juin 1425). C'est à la mort du duc (14 septembre 1435) que fut définitivement dispersée cette collection. — Antérieurement, elle avait déjà reçu de sérieuses atteintes par l'habitude où l'on était, et dont le roi Charles VI donnait l'exemple, de ne pas rendre au garde de la Librairie les volumes qui lui étaient empruntés, et par la facilité avec laquelle le roi livrait à titre de cadeau les mss. de la Bibl. du Louvre aux princes de la famille royale et même aux princes étrangers.

Cependant, de l'ancienne Bibliothèque du Louvre, la Bibliothèque nationale possède encore 44 volumes dont les principaux sont exposés dans l'Armoire X de la Galerie Mazarine.

(Delisle, dans les *Notices et extr. des mss.*, t. XXXI, 1re partie, p. 21 et suiv.).

5. **Douët-d'Arcq** (L.). — Inventaire de la Bibliothèque du roi Charles VI fait au Louvre en 1423 par ordre du régent duc de Bedford. (Signé : L. Douët-d'Arcq). — *Paris, imp. Lahure*, 1867, in-8° de XLIV-318 p. [Inv. Réserve. Q. 857

Imprimé pour la Société des bibliophiles, pap. vergé. — L'inventaire contient 843 articles. — Quelques-uns de ces vol. sont encore à la Bibl. nat. (V. Delisle, *Cab. des mss.*, I, 51 et suiv.).

Toutes les indications fournies par les différents inventaires qui ont été dressés de la Librairie du Louvre ont été fondues dans le catalogue dressé par M. Delisle dans le *Cabinet des mss.*, III, 114-170. — Il contient 1239 art.; énumération des mss. avec les lettres par lesquelles chacun d'eux est désigné.

II. — Librairie des ducs de Bourgogne (XVe siècle).

6. **Peignot** (G.). — Catalogue d'une partie des livres composant la Bibliothèque des ducs de Bourgogne, au XVe siècle. Seconde édition revue et aug-

mentée du catalogue de la Bibliothèque des Dominicains de Dijon, rédigé en 1307, avec détails historiques, philologiques et bibliographiques, par G. Peignot, ancien bibliothécaire. — *Dijon, V. Lagier*, 1841, in-8° de 143 p. [Inv. Q. 7810

7. **Barrois**. — Librairies de Bourgogne, inventoriées à Bruges vers 1467, à Gand en 1485, à Bruxelles en 1487.

(D'après les pièces authentiques trouvées ès archives de l'ancienne Chambre des Comptes, à Lille, en 1827.)

Dans *Bibliothèque protypographique ou Librairies des fils du roi Jean.* 1606 art. [Inv. Réserve. Q. 321

8. **Laserna Santander** (DE). — Mémoire historique sur la Bibliothèque dite de Bourgogne, présentement Bibliothèque publique de Bruxelles, par M. de Laserna Santander, correspondant de l'Institut national et bibliothécaire de ladite Bibliothèque. — *Bruxelles, imp. de Braeckenier*, 1809, in-4° de IV-216 p. [Inv. Q. 1598

Même édition in-8°. [Inv. Q. 7033

9. **Frocheur** (F.). — Notice historique sur l'antique dépôt littéraire de la Bibliothèque des ducs de Bourgogne, à Bruxelles, par F. Frocheur. — *Gand*, 1839, in-8°.

10. [**Marchal**]. — Inventaire des manuscrits de l'ancienne bibliothèque royale des ducs de Bourgogne, publié par ordre du ministre de l'Intérieur et des Affaires étrangères. N° 1-1800. — *Bruxelles, imp. de Vandooren*, 1839, in-fol. de XIX-360 p. [Inv. Q. 263

1 figure.

Par suite de différentes mesures administratives, il a été fait un double tirage de cet inventaire. Il a donc fait l'objet d'une publication indépendante du catalogue complet en trois vol., dont deux vol. pour le répertoire et les tables. (Voy. le n° suivant.)

11. [**Marchal**]. — Catalogue des manuscrits de la Bibliothèque royale des ducs de Bourgogne, publié par ordre du ministre de l'Intérieur. T. I-III. — *Bruxelles et Leipzig, C. Muquardt, 1842*. 3 vol. in-fol. de CCCII-360, IV-452 et 441 p. [Inv. Q. 264-266

15 gravures et 1 vignette. — T. I. Résumé historique. Inventaire n° 1-1800. — T. II-III. Répertoire méthodique et tables.

12. **Laborde** (c^te^ DE). — Les ducs de Bourgogne, études sur les lettres, les

arts et l'industrie pendant le XVe siècle et plus particulièrement dans les Pays-Bas et le duché de Bourgogne, par le comte de Laborde, membre de l'Institut. Seconde partie. T. I-III. — *Paris, Plon,* 1849-52, 3 vol in-8° de CLXII-582, LXI-469 et XL-520 p. [Lk² 356

Tables chronologiques, alphabétiques et méthodiques dans chaque volume.

Bien que la plus grande partie des livres des ducs de Bourgogne ait passé dans la bibliothèque appelée *Bibliothèque de Bourgogne*, en Belgique, la Biblioth. nationale a recueilli encore un assez grand nombre de ceux-ci pour que la Librairie des ducs de Bourgogne figure dans l'histoire de ses origines,

Une belle bible historiée de Philippe le Hardi, qui renferme plus de 5,000 miniatures, est exposée dans la Galerie Mazarine. (Armoire X, n° 34.)

III. — Librairie du duc de Berry. (XV° siècle.)

13. **Le Laboureur.** — Histoire de Jean de France, duc de Berry et d'Auvergne...

Dans : *Histoire de Charles VI, roy de France... Paris, L. Billaine,* 1663, 2 vol. in-4° de 36-540 et 504-329 p. [Lb²⁵, 7

On trouve l'inventaire de la Bibliothèque de Jean, duc de Berry, d'après le compte de l'exécution testamentaire du prince, t. I, pp. 75-84. (84 art.)

14. **Barrois** (J.). — Inventaire et prisée des livres de Jean, duc de Berry, frère du roi Charles-Quint, en 1416. (L'original sur vélin est conservé dans la Bibliothèque de Sainte-Geneviève, à Paris, sous la cote 4f, in-fol. 54).

Dans : *Bibliothèque protypographique,* ou *Librairies des fils du roi Jean,...* pp. 89-101 (99 art.) [Inv. Réserve. Q. 321

15. **Bastard** (Comte Auguste de). — Librairie de Jean de France, duc de Berry, frère du roi Charles V, publiée en son entier pour la première fois; précédée de la vie de ce prince, illustrée des plus belles miniatures de ses manuscrits, accompagnée de notes bibliographiques, et suivie de recherches pour servir à l'histoire des arts du dessin au moyen âge. — *Paris,* 1831, in-fol. max. de 32 pl. [Réserve. V, 72

Pap. velin, planches coloriées. — « Ce magnifique ouvrage ne sera pas continué. Il n'en a été publié que 32 pl. auxquelles on devait joindre la vie du duc de Berry, la seule portion de texte destinée à voir le jour. » (Note de Brunet, *Manuel* (1860), t. I, p. 696.

16. **Paris** (Paulin). — Livres de Jean, duc de Berry, fils du roi Jean, d'après les inventaires conservés dans le manuscrit de la Bibliothèque du Roi,... (11,496 fr.), et dans celui de la Bibliothèque Sainte-Geneviève, coté... (L. 54 fr.) (136 art.)

Dans le *Bulletin du Bibliophile*, 2e série (1837), pp. 601-636. — Le ms. fr. 11,496, qui contient la description des livres du duc de Berry, est exposé dans les vitrines de la Galerie Mazarine (armoire X, n° 15).

17. **Douët d'Arcq** (L.). — Notice sur la Bibliothèque de Jean, duc de Berri, en 1416.

Dans la *Revue Archéologique* (1850), VII, pp. 144-168 et 224-233. — Analyse des deux inventaires rédigés en 1413 et en 1416.

18. **Hiver de Beauvoir.** — Description, d'après la teneur des chartes, du trésor, en reliquaires et joyaux d'or et d'argent, en ornements d'église et en livres, donné par Jean, duc de Berry, à la Sainte-Chapelle de Bourges, avec une introduction, des notes et éclaircissements, et deux notices, l'une sur les bijoux vendus à Arnoul-Belin, après la mort du duc, et l'autre sur la Librairie de ce prince, par M. Hiver de Beauvoir, conseiller à la Cour impériale de Bourges. — *Bourges, imp. et lith. de Jollet-Souchois*, 1855, in-8° de 127 p. [Lc20, 5

Chapitre III. Livres : pp. 94-106 (65 art.). Appendice au chap. 3e, p. 107. — Forme le n° 1 des *Mémoires de la Société historique du département du Cher.* — Un supplément a été publié sous le titre de *Notices des joyaux d'église trouvés à la grosse tour de Bourges et à Paris, après le décès du duc Jean*, in-8° de 24 p.

19. **Hiver de Beauvoir.** — La Librairie de Jean, duc de Berry, au château de Mehun-sur-Yèvre (1416), publiée en entier pour la première fois d'après les inventaires et avec des notes. — *Paris, A. Aubry*, 1860, in-16 de 108 p. [Sainte Geneviève. 8° Qb.215[1] *bis*.

20. **Delisle** (L.). — Librairie du duc de Berry (1402-1416).

Dans le *Cabinet des mss.*, III, 170-194. (297 art.). — On trouve reproduits dans ce catalogue tous les renseignements utiles qui ont été consignés dans les anciens inventaires de 1402, 1413 et 1416.

Le dernier mot sur l'historique de la Librairie du duc de Berry, après tous les ouvrages ci-dessus mentionnés, a été dit par M. Delisle, dans le t. I du *Cab. des Mss.*, p. 56. — Les causes de dispersion de la Bibliothèque du duc de Berry furent à peu près les mêmes que celles qui amenèrent la ruine de la Librairie de la Tour du Louvre ; de son vivant,

Jean se dépouilla d'un grand nombre de volumes dont il fit des présents, et à sa mort, le reste de sa collection servit à payer une partie des dettes dont sa succession était grevée. Cependant, la Bibl. nat. possède encore 57 mss. de cette célèbre collection, dont M. Delisle a donné la liste (*Cab. des Mss.*, I, 65).

21. **Delisle** (Léopold). — Les livres d'heures du duc de Berry, par Léopold Delisle, membre de l'Institut. — *Paris, imp. A. Quantin,* 1884, in-8° de 39 p. [4° Q. 360

Extrait de la *Gazette des Beaux-Arts* (février, avril et mai 1884). 5 facsimilés en héliogravure.

A cette époque (1884), M. Delisle croit pouvoir fixer à 89, le nombre des mss. du duc de Berry dont l'existence actuelle a été reconnue. Sur ce nombre, 71 sont en France, dont 57 à la Bibliothèque nationale. (*Cab. des Mss.*, I, 65). — Quelques-uns de ces volumes sont exposés dans la Galerie Mazarine. (Armoire X, n°s 16-26.)

IV. — Librairie de Blois.

Commencée par Charles, duc d'Orléans (premier inventaire en 1417).
Louis XII (1498-1515). — François Ier (1515-1544).

22. **Le Roux de Lincy**. — La Bibliothèque de Charles d'Orléans à son château de Blois en 1427, publiée pour la première fois d'après l'inventaire original, par Le Roux de Lincy. — *Paris, typ. F. Didot frères,* 1843, in-8° de 59 p. [Inv. Q. 8284

Extrait de la *Bibliothèque de l'École des Chartes,* t. V, p. 59 (80 articles). Appendice contenant 49 pièces inédites, les unes comprenant les quittances relatives aux ouvrages cités dans l'inventaire; les autres comprenant les pièces relatives à des ouvrages achetés par Louis d'Orléans et Charles, son fils, et non compris dans l'inventaire.

23. **Tuetey** (A.). — Inventaire des biens de Charlotte de Savoie, reine de France (1483), publié pour la première fois d'après le manuscrit original déposé à la Bibliothèque Impériale, par A. Tuetey, archiviste aux archives de l'Empire. — *Paris, imp. de Ad. Lainé et S. Havard,* 1865, in-8° de 48 p. [Lb^{27}. 48

Tirage à part de la *Biblioth. de l'École des Chartes,* 6e série, I, 338 et 423. — De tous les volumes mentionnés dans ce catalogue, cinq seulement sont encore conservés à la Bibl. nat. (*Cab. des Mss.*, I, 94).

24. **Sénemaud** (Ed.). — La Bibliothèque de Charles d'Orléans, comte d'Angoulême, au château de Cognac, en 1496, publiée pour la première fois par Ed. Sénemaud. — *Paris, A. Claudin,* 1862, in-8° de 93 p. (Pap. vergé.) [Inv. Réserve. Q. 853

Extr. du *Bulletin de la Société archéologique et historique de la Charente* (3e et 4e trim. de 1860). — Tirage à part à 100 exempl. (75 nos décrits).

Appendices. I. Notes extraites du livre de dépenses de Louise de Savoie, veuve du comte d'Angoulême. — II. Notices sur quelques manuscrits de la Bibliothèque Impériale qui ont appartenu à Louise de Savoie et à son fils François Ier. — III. Inventaire des biens meubles de Charles d'Orléans. — La Bibl. de Ch. d'Orléans constitua l'un des éléments de la Bibliothèque de Blois.

25. **Van Praet.** — Recherches sur Louis de Bruges, seigneur de la Gruthuyse; suivies de la notice des manuscrits qui lui ont appartenu, et dont la plus grande partie se conserve à la Bibliothèque du Roi. — *Paris, De Bure frères,* 1831, in-8° de VIII-352 p. [8° M. 34830

(106 articles, 5 planches). — On ignore comment la collection de Louis de Bruges passa aux mains de Louis XII. — Le nombre de volumes ayant appartenu à Louis de Bruges et qui se trouvent encore à la Bibl. nat. est estimé à environ 150. (Van Praet, *l. c.,* et Delisle, *Cab. des Mss.,* I, 141).

Avec la Bibliothèque de Charles d'Orléans et de Louis de Bruges, la Librairie de Blois se forma aussi de livres ayant appartenu à Louis XI (*Cab. Mss.,* I, 77), que la reine Charlotte de Savoie avait recueillis et mis à part pour Charles VIII, de livres ayant appartenu à Charles VIII (*Cab. des Mss.,* I, 94), et de la Bibliothèque des ducs de Milan.

26. **Adda** (Mis G. D'). — Indagini storiche, artistiche, e bibliografiche sulla libreria Visconteo-Sforzesca del castello di Pavia compilate ed illustrate con documenti inediti per cura di un bibliofilo. (Parte prima Apendice alla parte prima). — *Milano, libr. Gaetano Brigola,* 1875-79, 2 vol. in-8° de LXVIII-175 et XX-131 p. [4° Q. 13

(Il existe aussi un tirage in-4° de l'ouvrage du Mis d'Adda.)

Louis XII s'était approprié en 1499 ou 1500 la collection que les ducs de Milan entretenaient depuis de longues années dans leur château de Pavie.

M. Delisle (*Cab. des mss.,* I, 133, et III, 347) a reconnu dans les fonds latin, français et italien de la Bibl. nat. une centaine de volumes de cette dernière provenance.

27. **Michelant** (H.). — Catalogue de la Bibliothèque de François Ier à Blois, en 1518, publié d'après le manuscrit de la Bibliothèque impériale de Vienne, par H. Michelant, membre résidant de la Société des Antiquaires de France,... — *Paris, A. Franck,* 1863, in-8° de 48 p. [8° Q. Pièce, 393

D'après le ms. de Guillaume Petit (*Parvy*), de l'ordre des frères Prêcheurs, chapelain et confesseur de François Ier. — 174 nos plus les vol. compris dans quatre paragraphes particuliers : 1° les volumes placés dans deux armoires qui étaient disposées sous les grands pupitres de la librairie; 2° les volumes renfermés dans un coffre de sapin; 3° les livres italiens; 4° les « livres que le roy porte communément ».

28. **Le Roux de Lincy.** — Catalogue de la Bibliothèque des ducs de Bourbon en 1507 et en 1523, précédé d'une notice sur les anciens seigneurs de ce nom, par M. Le Roux de Lincy, secrétaire de la Société des Bibliophiles français. — *Paris, Crapelet,* 1850, in-8° de 108 p. (Pap. vergé).
[Inv. Réserve. Q. 839

Extr. des *Mélanges de la Société des Bibliophiles françois*. Année 1850. — I. Inventaire des livres qui sont en la Librairie du chasteau de Molins : *Faict à Molins, le* XIXe *jour de septembre, l'an 1523* (Signé : Anthoyne. — Espinette.) 290 vol. décrits. — II. Appendice I. Inventaire des livres de la librairie du château d'Aiguesperse : *fait à Ayguesparse les* XVIII, XIX, XX *et* XXIe *jours de novembre et clos les* Xe *et* XIe *de décembre ensuyvant, 1507* (Signé : Dupuy. — De Riom. — Marillac.) — 168 vol. décrits.

Une seconde édition de l'inventaire de 1507 a été donnée en 1863 dans le *Cabinet Historique*, IX, I, 306 et suiv.

La Bibliothèque du château de Moulins fut réunie à la Bibliothèque de Blois en 1523, lorsque François Ier mit la main sur les biens du connétable de Bourbon. Celle d'Aiguesperse ne fut pas fondue avec celle de Moulins. — Un assez grand nombre de vol. ayant appartenu à la famille de Bourbon figurent encore à la Bibl. nat. (Voy. DELISLE. *Cab. des Mss.*, I, 173 et suiv.)

29. **Omont** (H.). — Catalogues des manuscrits grecs de la Bibliothèque de François Ier au château de Blois, 1518-1544, publiés par H. Omont. — *Paris, 1886 (impr. par Daupeley-Gouverneur à Nogent-le-Rotrou, 5 mars 1886)*, in-8° de 28 p. [Réserve. p. Q. 47

(Tiré à 63 exemplaires.)

Le verso du faux-titre porte : « Imprimé pour le mariage de Julien-Pierre-Eugène Havet et Marguerite-Éléonore-Marie-Émilie Marie de Saint-Georges, 17 mars 1886. »

Introduction historique.

Catalogue des Mss. grecs de la Bibliothèque de Blois. 1518 (47 articles). — Inventaire des Mss. grecs de la Bibliothèque de Blois. 1544 (44 articles).

V. — Librairie de Fontainebleau.

François Ier (1544-1547). — Henri II (1547-1559). — François II (1559-1560). — Charles IX.

Par lettres patentes du 22 mai 1544, François Ier ordonne de transporter à Fontainebleau la Bibliothèque de Blois.

A cette occasion, un inventaire en fut dressé par Jean Grenaisie et par Nicolas Dux, conseillers du roi et maîtres des comptes. Il relève 1,890 vol., dont plusieurs étaient imprimés. Mellin de Saint-Gelais présida au transport de tous ces livres et les remit, le 12 juin 1534, à Mathieu La Bisse, garde de la Librairie du roi à Fontainebleau.

30. **Omont** (H.). — Le premier catalogue des manuscrits grecs de la Bibliothèque de Fontainebleau sous Henri II. Notice du ms. Nani, 245, de Venise. (Signé : H. Omont.) — *Nogent-le-Rotrou, imp. de Daupeley-Gouverneur,* (*s. d.,*) in-8° de 7 p. [8° Q. Pièce, 485

Extrait de la *Bibliothèque de l'École des chartes,* 1886, t. XLVII.

31. **Omont** (Henri). — Catalogue des manuscrits grecs de Fontainebleau sous François Ier et Henri II, publié et annoté par Henri Omont. — *Paris, Imp. nationale,* 1889, in-4° de XXXIV-465 p. (En langue grecque.) [f° Q. 79

Quand François Ier monta sur le trône, la Bibliothèque royale réunie au château de Blois comptait 40 mss. grecs; à la mort du même prince, la bibliothèque formée par lui à Fontainebleau ne renfermait pas moins de 550 vol. grecs, acquis par ses soins à Venise ou dans le Levant. Deux catalogues furent dressés de cette belle collection, entre 1549 et 1552; les calligraphes crétois Ange Vergèce et Constantin Palæocappa les rédigèrent en grec. M. Omont a reproduit le catalogue alphabétique de Paris et le catalogue méthodique de Leyde, qui sont les plus complets.

A un seul ms. près, le cabinet des mss. de la Bibliothèque nationale possède encore entière la collection réunie par François Ier.

32. **Quentin-Bauchart** (Ernest). — La Bibliothèque de Fontainebleau et les livres des derniers Valois à la Bibliothèque nationale (1515-1589), par Ernest Quentin-Bauchart.— *Paris, P. Huard et Guillemin,* 1891, in-8° de 234 p. [8° Q. 1671.

Le travail de l'auteur contient, en même temps qu'un aperçu historique sur la Bibliothèque de Fontainebleau, la description de tous les livres imprimés et manuscrits qui ont appartenu à François Ier, Henri II, François II, Charles IX et Henri III.

VI. — La Bibliothèque a Paris.

(A.) Bibliothèque au Collège de Clermont.

Charles IX. — Henri III (1574-1589). — Henri IV (1589-1604).

(B.) Bibliothèque aux Cordeliers.

Henri IV (1604-1610). — Louis XIII (1610-1643). — Louis XIV (1643-1666).

On ignore quel fut le sort de la Librairie du roi depuis son transport à Paris (sous le règne de Charles IX) jusqu'à l'avènement de Henri IV qui la fit déposer dans le collège de Clermont (lettres patentes du 14 mai 1594) que les jésuites venaient d'abandonner.

Après le rappel des Pères, en 1604, la Bibliothèque passa du collège de Clermont dans une grande salle du cloître des Cordeliers.

Sous le règne de Louis XIII, la Bibliothèque fut installée dans une maison que les Cordeliers possédaient au-dessus de Saint-Côme, rue de la Harpe.

33. **Gosselin** (Jean). — Ensuit une remonstrance touchant la garde de la Librairie du Roy, addressée à toutes personnes qui ayment les lettres. Par Jean Gosselin, garde d'icelle Librairie. — (*S. l. n. d.*), in-12 de 8 p.

[Inv. Réserve. Q. 736

Page 6 : «Ensuit la copie du mandement par lequel le Roy mande très-expressément à Maistre Balthasar Gobelin thresorier de l'espargne qu'il paye à Jean Gosselin garde de la Librairie Royale les gages qui lui sont deuz et les deniers qu'il a desboursez pour l'entretenement de ladicte Librairie.» (Paris, 7 mars 1595. [Signé de : Saldaigne]).

Suit une note manuscrite : «Ceulx qui embrassent Pluton et le préferent aux thresors de Palas ont esté mal contents de la présente remonstrance à cause de quoy je suis iniquement traicté touchant cest affaire.

Gosselin, qui avait été chargé par le roi Charles IX de transporter sa Librairie à Paris, raconte les risques qu'elle encourut pendant la Ligue, attestant que le président de Nully après avoir fait crocheter les serrures et enfoncer la porte «est entré en icelle librairie... et y est allé plusieurs fois avec ses gens, qu'on a veu s'en aller avecques luy portans d'assez gros pacquets soubs leurs manteaux.»

Gosselin fut garde de la Librairie jusqu'en 1604. — Cette curieuse plaquette a été reproduite et annotée par Édouard Fournier, *Variétés historiques et littéraires*, t. I, p. 1 et suiv.

BIBLIOTHÈQUE DE CATHERINE DE MÉDICIS (1599).

34. **Brun** (A.). — Une bibliothèque de prélat au XVIᵉ siècle. (Signé : A. Brun.) Dans le *Bulletin du Bibliophile*, 1865, p. 318-322.

35. **Nolhac** (Pierre de). — Inventaire des manuscrits grecs de Jean Lascaris publié par Pierre de Nolhac... — *Rome, Ph. Cuggiani*, 1886, in-8° de 24 p. [8° Q. Pièce. 486

Extrait des *Mélanges d'archéologie et d'histoire*, publiés par l'École française de Rome, t. VI.

Deux inventaires de 128 et 108 numéros. — Tous les articles du premier sont passés chez le cardinal Ridolfi et sont maintenant à la Bibliothèque nationale.

36. **Omont** (H.). — Un premier catalogue des manuscrits grecs du cardinal Ridolfi, publié par H. Omont. — *Paris (Nogent-le-Rotrou, imp. Daupeley-Gouverneur)*, 1888, in-8° de 16 p. [8° Q. Pièce. 589

Extrait de la *Bibliothèque de l'École des chartes*, 1888, p. 309-324. (154 numéros.)

Le cardinal Ridolfi était neveu de Léon X ; ses manuscrits passèrent au maréchal P. Strozzi, puis à Catherine de Médicis et à la Bibliothèque du roi.

On a un catalogue complet des mss. grecs et latins de Ridolfi dans le ms. grec 3074 de la Bibliothèque nationale.

37. **Bonnaffé** (Edmond). — Inventaire des meubles de Catherine de Médicis en 1589. Mobilier, tableaux, objets d'art, manuscrits, par Edmond Bonnaffé. — *Paris, Aᵘᵉ Aubry*, 1874, in-8° de 219 p. [Réserve, Lb^{34}. 893

(Tiré à 250 exempl. numérotés.) — Les mss. au nombre de 778, sont mentionnés pp. 168-211.

38. **Le Roux de Lincy**. — Notice sur la bibliothèque de Catherine de Médicis. (Dans le *Bulletin du Bibliophile*, 1858, 13ᵉ série, p. 915-941.)

Les différents inventaires qui furent dressés de la bibliothèque de Catherine de Médicis ne comptent pas moins de 800 art. parmi lesquels un grand nombre de mss. grecs. — La plupart de ces volumes sont encore aujourd'hui conservés à la Bibliothèque nationale.

Des lettres patentes de Henri IV, du 14 juin 1594, et deux arrêts du Parlement, des 25 janvier et 30 avril 1599, ordonnèrent la réunion à la Bibliothèque royale des mss. de Catherine de Médicis.

39. **Delisle.**— Notes sur les anciennes impressions des classiques latins et d'autres auteurs conservés au xve siècle dans la librairie royale de Naples. (169 n^{os}.) — Dans les *Mélanges Graux* (Paris, 1884, in-8°), p. 245-296.

Les mss. des rois de Naples sont arrivés à la Bibliothèque du roi de deux côtés différents : par la conquête de Charles VIII, d'une part, et de l'autre par l'achat du cardinal d'Amboise (vers 1501). Leur ensemble monte à un total de plus de 300 volumes mentionnés par M. Delisle dans son *Cab. des Mss.* I., pp. 239-245. Ces volumes, qui figuraient sans doute encore à Gaillon en 1593, entrèrent au cabinet du roi (dépôt particulier dans le palais du Louvre) avant la mort de Henri IV, toutefois, il ne peut être assigné aucune date exacte à cet événement. C'est au commencement du règne de Louis XV que la collection sortit du cabinet du Louvre pour être incorporée à la Bibliothèque royale.

40. **Hurault de Boistaillé.** — *Indicem lectionum in universitate litterarum Bernensi... 1839-1840... Insunt C. G. Mülleri Analecta Bernensia, particula I. De Boëstallerii bibliotheca græca.* — Bernæ, 1839, in-4°, 26 p.

Le cat. en grec, publ. d'après le ms. 360 de Berne est aux pp. 3-19 (245 n^{os}). Il a été réédité par le même dans *Zu der Liebenundachtzigsten Sommerschen Redefeierlichkeit... in dem Gymnasium... Katalog der griechischen Bibliothek des französischen Gesandten in Venedig Johannes Boistaillier, aus der Mitte des 16. Jahrhundert.* — Rudolstadt, 1852, in-4°, 8 p. Le catalogue est aux pp. 4-8 (sans n^{os}). Une 3e édition a été donnée dans le *Serapeum,* Intelligenz-Blatt, n°s 21-22, 15-30 nov. 1858, tome XIX, p. 161-164 et 169-172 (in-8°). Cette réédition est faite d'après l'édition de 1839.

41. **Delisle** (L.). — Notice sur des collections manuscrites de la Bibliothèque nationale. Collection de Brienne.

Dans la *Bibliothèque de l'École des chartes,* t. XXXV, p. 282-290.

Cette collection fut faite par Antoine de Loménie, seigneur de la Ville-aux-Clercs, secrétaire d'État sous Henri IV et Louis XIII, dans l'idée « de réunir dans un recueil méthodique et uniforme les documents les plus utiles aux hommes publics qui voulaient étudier soit les affaires étrangères, soit l'administration intérieure du royaume. » Elle formait 358 vol. qui furent reliés par Le Gascon.

A la mort d'Antoine de Loménie (1638), son fils, le comte de Brienne, dut céder au roi ces volumes pour la somme de 36,000 livres. La collection fut mise dans la bibliothèque du cardinal Richelieu; elle passa ensuite dans celle du cardinal Mazarin. C'est à la mort de celui-ci qu'elle entra définitivement dans la Bibliothèque du roi où elle est connue sous le nom de *Collection Brienne.*

Voy. aussi sur cette collection : Migne, *Nouv. Encyclop. théologique. Dictionnaire des Mss.* I, 1049-1060; Montfaucon, *Bibliotheca bibliothecarum*, t. I, p. 917, et *Notice sur les manuscrits de Brienne et sur cette collection*, par H. de Loménie. (Dans le *Bulletin du Bibliophile*, 1851, 10e série, p. 108-114.)

42. **Jacob** (le P. Louis). — Traicté des plus belles bibliothèques publiques et particulières qui ont esté, et qui sont à présent dans le monde. Divisé en deux parties. Composé par le P. Louys Jacob, Chalonnais, religieux carme. — *Paris, Rolet le Duc*, 1644, in-8o de 717 p. plus l'appendice et la table. [Inv. Q. 3532

Bibliothèque royale : seconde partie, p. 440 et suiv.

43. *Rymaille* sur les plus célèbres bibliotières de Paris. Par le Gyrouague Simpliste. — (*S. l.*), 1649, in-8o de 4 p. [Inv. Ye. 4293

Nouvelle édition sous le titre suivant :

44. **La Fizelière** (Albert de). — Rymaille sur les plus célèbres bibliotières de Paris en 1649, avec des notes et un essai sur les autres bibliothèques particulières du temps, par Albert de La Fizelière. — *Paris, A. Aubry*, 1868, in-8o de 152 p. (Pap. vergé.) [Réserve. Y.

Tirage à part, à petit nombre, du *Bulletin du bouquiniste*.

Il est fait mention dans ce volume de 279 bibliothèques dont on trouve la table par ordre alphabétique. Plusieurs d'entre elles ont été incorporées en totalité ou en partie dans les collections de la Bibliothèque nationale.

45. **Mesmes** (de). — Catalogue des manuscrits de monseigneur le président de Mesmes. Anno 1650. Ex bibliotheca Meerman, no 868. Nunc in bibliotheca Philippica, 1827, in-fol. de 6 p.

Imprimé dans l'imprimerie particulière de Th. Phillipps, à Middehill. (Voy. *infra*, No 63.)

Les années 1661 et 1664 méritent une mention particulière dans l'histoire des accroissements de la Bibliothèque royale. L'année 1661 fut signalée par le legs fait en faveur du roi Louis XIV par son oncle, Gaston, duc d'Orléans « de toutes ses médailles d'or, d'argent et de cuivre, des pierres gravées, des antiques et autres raretez qui estoient à la garde du sieur Bruno, comme aussy de tous les livres de fleurs et d'oyseaux qu'il a fait portraire par Robert, peintre, et tous les livres d'histoires et autres qui sont dans son cabinet du palais d'Orléans, pour estre le tout avec quelques boetes de cocquilles fort rares mis dans nostre cabinet du Louvre et servir à nostre divertissement. » —

Ce legs fut accepté par lettres patentes de novembre 1661, enregistrées au Parlement le 5 juin 1663.

(Chabouillet, *Recherches sur les origines du Cabinet des Médailles*, 5-7.)

Deux années plus tard seulement un *Arrêt de la Cour* du 4 janvier 1664 ordonnait l'enregistrement des lettres patentes par lesquelles Louis XIV acceptait le don à lui fait par le comte de Béthune de sa collection. (Félibien, *Hist. de Paris*, V, 197.)

Cette donation était très importante, elle se composait de « manuscrits originaux en deux mil volumes, et de tableaux originaux et crayons des plus excellents peintres d'Italie et de France, anciens et modernes, de statues et bustes de marbre et de bronze antiques. »

Le nombre exact des manuscrits donnés par le comte de Béthune s'élevait à 1,923 volumes. Un catalogue en a été dressé par Clément avant 1682. En regard de chaque article on a inscrit les numéros sous lesquels les différents volumes sont aujourd'hui classés dans le fonds latin et dans le fonds français. — Plus tard, une table alphabétique des lettres originales, en deux vol. in-fol. fut ajoutée à ce catalogue.

Les objets donnés par le comte de Béthune, comme ceux légués par Gaston d'Orléans au roi, furent d'abord conservés dans le cabinet du Louvre. Ces deux collections ne furent incorporées à celles de la Bibliothèque royale de la rue Vivienne qu'en 1667, époque où l'assassinat dans le Louvre même de l'abbé Bruneau, chargé de la garde du Cabinet, ayant fait juger que les collections ne se trouvaient pas en sûreté au Louvre, le Cabinet tout entier fut transféré rue Vivienne.

(C.) La Bibliothèque dans les maisons de Colbert de la rue Vivienne.

(1666-1721.)

C'est pour veiller de plus près sur elle que Colbert fit transporter la Bibliothèque du roi dans ses maisons, mais celle-ci eut plus tard à souffrir du voisinage de la bibliothèque particulière du ministre qui s'enrichissait à son détriment.

Il faut signaler que c'est pendant cette période que pour la première fois la Bibliothèque royale fut ouverte au public. (Novembre 1692.)

Voy. à cette date le *Mercure*, p. 320.

46. **Duplessis** (Georges). — Michel de Marolles, abbé de Villeloin, amateur d'estampes, par M. Georges Duplessis.— *Paris, imp. J. Claye*, 1869, gr. in-8° de 12 p. [Ln27. 35586

Extrait de la *Gazette des Beaux-Arts*. (Livraison de juin 1869.)

La collection d'estampes de Marolles fut achetée pour la Bibliothèque du roi en 1667.

L'inventaire de cette célèbre collection existe au Cabinet des estampes. Il se compose de quatre gros volumes in-folio. [Yᵉ., 12. 13. 14 et 15

L'inventaire décrit 264 vol. où les œuvres des maîtres occupent une large place. — De Marolles avait songé à publier une histoire complète de l'art.

47. [**Naudé** (G.).] — Advis à nos seigneurs de Parlement, sur la vente de la Bibliothèque de M. le Cardinal Mazarin. (Signé) : G. N. P. (Gabriel Naudé parisien). — *S. l.* (1652), in-4° de 4 p. [Lb³⁷. 2216

Naudé avait constitué par ses soins la bibliothèque de Mazarin. Il ne put, malgré tous ses efforts, en empêcher la vente qui se fit au mois de mars 1652. — Cependant le Cardinal la recomposa presque intégralement après les troubles de la Fronde. Par suite d'un arrêt du 12 janvier 1668, un échange consenti avec la bibliothèque Mazarine fit entrer dans la Bibliothèque du roi 8,678 livres imprimés et 2,156 manuscrits.

48. **Le Gallois.** — Traitté des plus belles bibliothèques de l'Europe..., par le sieur Le Gallois. — *Paris, Estienne Michallet,* 1680, in-12 de 210 p. [Inv. Q. 3552

Bibliothèque du Roy : p. 122.

49. **Rostgaard** (Fr.). — Projet d'une nouvelle méthode pour dresser un Catalogue selon les Matières, avec le Plan. — *Paris,* 1697, 6 p. in-fol. [Inv. Réserve. Q. 110

Suit une lettre de Rostgaard à M. C. [Clément]. — On trouvera la réponse à cette lettre dans la *Notice sur les anciens catalogues* de M. Delisle, p. 9 ; — et un *Supplément aux premiers articles pour répondre aux difficultés que l'on y a trouvées...*

On a relié à la suite un exemplaire de l'opuscule de Rostgaard, intitulé : *Idée d'une nouvelle manière de dresser le catalogue d'une bibliothèque,* ainsi qu'un spécimen du catalogue par lui proposé, 6 p. in-fol.

Seconde édition augmentée de quelques articles très nécessaires et mise en meilleur ordre. — *Paris,* 1698, in-4° de 129 p.

Cette seconde édition a été reproduite dans : *Sylloge aliquot scriptorum de bene ordinanda et ornanda bibliotheca studio et opera Jo. Davidis Koeleri P. P.... — Francofurti,* 1728, in-4°.

Sur l'organisation intérieure des salles de la Bibliothèque vers cette époque, on lira avec intérêt un passage de Lister (pp. 103-106) dans son *Voyage à Paris en 1698,* publ. en 1873 par la Société des Bibliophiles français. [Lk⁷. 6005 *bis*

50. *Regiæ Bibliothecæ* librorum editorum classis prima. — (*S. l. n. d.*), 8 p. in-fol. [Inv. Réserve. Q. 111

Cahier composé pour servir de modèle au Catalogue que l'on avait projeté d'imprimer en 1702. Ce projet ne fut même pas suivi d'un commencement d'exécution.

51. *Bibliotheca Bigotiana,* seu catalogus librorum quos (dum viverent), summâ curâ et industriâ, ingentique sumptu congessere viri clarissimi D. D. uterque Joannes, Nicolaus et Lud. Emericus Bigotii... Quorum plurimi mss. antiqui bonæ notæ tam Græci quam Latini... Horum fiet auctio die 1. mensis Julii 1706 et seqq., Parisiis in Regiâ Gervasianâ, viâ Fœneâ : vulgò *College de Me Gervais ruë du Foin.— Parisiis, apud J. Boudot, C. Osmont, G. Martin,* 1706, in-8° de VIII-222-248-60-32-32 p. [Inv. Q. 7784

La cinquième et dernière partie du catalogue, composée de 31 pages, est consacrée aux manuscrits. Elle contient 450 articles. Tous les manuscrits de la belle bibliothèque des Bigot ont été acquis pour la collection royale, sauf les articles 1, 3 et 4, ainsi qu'en font foi les registres de la Bibliothèque. — Un tableau de concordance permet de retrouver aisément, dans le fonds grec, le fonds latin, le fonds français et les fonds étrangers, la plupart des mss. qui répondent aux 422 premiers numéros du catalogue.

52. **Delisle** (Léopold). — *Bibliotheca Bigotiana manuscripta.* Catalogue des manuscrits rassemblés au XVIIe siècle par les Bigot, mis en vente au mois de juillet 1706, aujourd'hui conservés à la Bibliothèque nationale. Publié et annoté par Léopold Delisle. — *Rouen, imp. de H. Boissel,* 1877, in-4° de XXXII-105 p. (Pap. vergé). [Réserve. P Z. 358 (28)

Le faux titre porte : *Société des Bibliophiles normands.* — 450 nos annotés par M. Delisle.

53. *Bibliotheca Thevenotiana,* sive catalogus impressorum et manuscriptorum librorum bibliothecæ viri clarissimi D. Melchisedecis Thevenot. — *Lutetiæ Parisiorum, apud Florentinum et Petrum Delaulne,* 1694, in-12 de VI-249 p. [Inv. Q. 7431

Les manuscrits de Thévenot entrèrent à la Bibliothèque du roi en 1712. Ils furent rachetés, au nombre de 290, aux libraires à qui les héritiers les avaient vendus. La Bibliothèque donna, en échange, des livres en double dans ses collections estimés 2,000 livres. — Le catalogue de ces mss. se trouve aux pages 189-249 du volume.

54. **Gaignières.**— Table générale du recueil des portraits des rois et reines

de France, des princes, princesses, seigneurs et dames, et des personnes de toutes sortes de professions; dessinés à la main ou peints en miniature et pris sur des monumens qui font connaître les différens habillemens de chaque règne. [Ce recueil a été fait par les soins de M. de Gaignières, et est maintenant dans la Bibliothèque du Roi, au Cabinet des estampes.]

(Dans la *Bibliothèque historique de la France,* du P. Lelong, édition de 1768, t. IV, p. 110-134 (2e partie).

55. **Duplessis** (Georges). — Roger de Gaignières et ses collections iconographiques, par M. Georges Duplessis. — *Paris, imp. de J. Claye,* 1870, gr. in-8° de 24 p. [Ln27. 35587

Extrait de la *Gazette des Beaux-Arts.* (Livraison de mai 1870.)

De Gaignières ne s'était pas borné à réunir une collection d'estampes. Son cabinet, le plus considérable qu'on eût encore connu, tant pour le nombre que pour la rareté et la valeur des objets qu'il comprenait, se composait à la fois de livres, de tableaux, de médailles, de manuscrits (2,407 vol.) et de documents originaux de toute espèce (lettres originales, plus de 25,000).

Son but était «de ramasser des curiosités de toute espèce et de recueillir les pièces qui pouvaient éclaircir l'histoire en général, et particulièrement la généalogie des familles, la chronologie des grands officiers, celle des évêques et des abbés.» Mais le côté original de son entreprise consista dans l'idée (si bien vulgarisée aujourd'hui) d'éclairer les documents écrits de la lumière toute nouvelle que leur donnent les monuments figurés dont ils sont rapprochés.

Le 19 février 1711, Gaignières donna toutes ses collections au roi, sous réserve d'usufruit. Malheureusement elles ne furent pas conservées à la Bibliothèque en entier. Après la mort du donateur (1716), la partie qui sembla la moins intéressante fut aliénée et il disparut, dans la vente qui fut faite, plusieurs des pièces les plus estimées.

Le cabinet de Gaignières forma le premier fonds du Cabinet des titres et généalogies. Ce n'est qu'en 1740 que les différents articles dont se composait cette collection furent divisés dans les différents départements de la Bibliothèque : imprimés, manuscrits, estampes et collections géographiques.

(Voy. Delisle, *Cab. des Mss.*, I, 335-356 et Bouchot, *Inventaire des dessins exécutés pour Roger de Gaignières,* Préface, infr. n° 448.)

56. **Vaesen** (Joseph). — Notice biographique sur Jean Bourré, suivie du catalogue chronologique du fonds manuscrit de la Bibliothèque nationale, auquel il a donné son nom, par Joseph Vaesen. — *Paris (Nogent-le-Rotrou, imp. de Daupeley-Gouverneur),* 1885, in-8° de 217 p.

Extrait de la *Bibliothèque de l'École des chartes,* années 1882-1885.

Ces documents ont été séparés du fonds Gaignières, auquel ils appartenaient, et sont catalogués aujourd'hui sous les nos 20483-20499 du fonds français.

57. ***Bibliotheca Baluziana,*** seu catalogus librorum bibliothecæ V. Cl. D. Steph. Baluzii... quorum fiet auctio die lunæ 8. mensis Maii anni 1719... T. I-III. — *Parisiis, J. Martin et G. Boudot,* 1719, 3 vol. in-12 de XVI-XXXII-527-569 et 79-116 p.

[Inv. Q. 7740-7741. — Un autre ex. avec prix. Inv. Q. 7742-7744

Les livres imprimés composant la bibliothèque de Baluze furent vendus en détail, mais la collection des manuscrits fut acquise par la Bibliothèque du roi moyennant une somme de 30,000 livres. L'abbé Bignon en prit livraison le 19 septembre 1719.

Le tome 3e de la *Bibliotheca Baluziana* contient l'inventaire de ce cabinet, soit :

I° Codices manuscripti	957 art.
II° Diplomata manuscripta :	
1° Bulles des papes	249 art.
2° Conciles.	65 —
3° Affaires ecclésiastiques	35 —
4° Quittances des services communs du pape et des cardinaux	29 —
5° Décimes	54 —
6° Ordre de Clugny	43 —
7° Chartes des roys de France.	58 —
8° Monnoyes.	53 —
9° Catalogne, Arragon, Maillorque	8 —
10° Languedoc	41 —
11° Titres des Maisons de la Jugie, de laquelle il y a eu deux cardinaux, de Puydeval et de Conros.	33 —
12° Meslanges	36 —
13° Rouleaux.	11 —

Plus l'indication de sept armoires contenant des pièces modernes.

La même année, la Bibliothèque faisait l'acquisition d'une partie des volumes de Philibert de la Mare : 630 mss. (Delisle, *Cab. des Mss.*, I, pp. 361-364.)

58. ***Danielis Maichelii*** introductio ad historiam literariam de præcipuis bibliothecis Parisiensibus. — *Cantabrigiæ,* 1721, in-8°. [Carnavalet. 11.030

C. I. De Bibliotheca Regia.

C. II. De Bibliotheca Colbertina.
C. III. De Bibliotheca San Germanensi.
C. IV. De Bibliotheca Mazariniana, etc.

(D.) LA BIBLIOTHÈQUE A L'HÔTEL DE NEVERS (Palais Mazarin).

Par les Lettres patentes de 1724, le roi ordonne l'acquisition de l'Hôtel de Nevers, où s'était tenue la banque de Law, pour y loger sa bibliothèque. L'hôtel de Nevers comprenait la moitié du palais Mazarin. Ce sera la dernière pérégrination de la Bibliothèque royale qui s'accroîtra désormais sur place.

58 *bis*. **Laborde** (Cte de). — Le palais Mazarin et les grandes habitations de ville et de campagne au dix-septième siècle, par le Cte de Laborde, membre de l'Institut et de la Chambre des députés. (Quatrième lettre sur l'organisation des Bibliothèques dans Paris.) — *Paris, A. Franck*, 1846, gr. in-8° de 408 p. [Inv. Q. 949

(Gravures et plans.)

C'est à l'époque de l'installation définitive de la Bibliothèque dans le palais de Mazarin, que l'abbé Bignon divisa les collections en quatre sections : 1° Les manuscrits; — 2° les livres imprimés; — 3° les titres et généalogies; — 4° les planches gravées et les recueils d'estampes. — Les médailles et les pierres gravées étaient alors à Versailles.

59. **Morel de Thoisy.**— Catalogue abrégé des recueils de pièces fugitives, imprimées, manuscrites, ou originales, recherchées, rassemblées, et mises en ordre par M. Morel de Thoisy, qui les a remis à la Bibliothèque du Roy, en l'année 1725. — (*S. l. n. d.*), in-4° de 16 p. [Réserve. Q. 403 *bis*.

« Ces recueils sont compris en six cent quarante-six volumes, qui contiennent près de soixante mille pièces, dont environ moitié sont manuscrites, et parmi lesquelles il y en a plus de mille originales. »

Matières ecclésiastiques	161 vol.
Matières historiques	90
Belles-Lettres	10
Droit public et civil	385
	646 vol.

Morel de Thoisy, par un acte du 10 juillet 1725, avait donné à la Bibliothèque du roi ses mss. « sans autre condition que celle de telle compensation ou récompense proportionnée à ma dépense, et de tel grade d'honneur qu'il plaira au roi de m'accorder. » Le Roi accorda au donateur, en 1728, la croix de l'ordre de Saint-Michel avec une pension.

Beaucoup des papiers de M. Morel de Thoisy sont conservés dans les recueils des Bénédictins sur l'histoire de Champagne, qui forment à la Bibliothèque une série spéciale.

Montfaucon mentionne très brièvement la collection de Morel de Thoisy, *Bibliotheca biblioth.*, II, 1667.

60. **Titon du Tillet.** — Description du Parnasse français, exécuté en bronze; suivie d'une liste alphabétique des poètes et des musiciens rassemblés sur ce monument... par M. Titon du Tillet... — *Paris, imp. de Coignard,* 1727, in-12 de XXVIII-376 p.

[Ln⁹. 68

A. — 1760. — Paris, in-fol. de 20 p. XVI planches et 122 p.

61. **Titon du Tillet.** — Le Parnasse français, dédié au roi; par M. Titon du Tillet,... — *Paris, imp. de Coignard fils,* 1732, in-fol. de IV-672 et XCIII p.

[Ln⁹. 69

Le Parnasse de Titon du Tillet est aujourd'hui placé dans le vestibule de la Galerie Mazarine.

62. ***Bibliotheca*** insignis et regalis ecclesiæ sanctissimi Martialis Lemovicensis, seu Catalogus librorum manuscriptorum qui in eadem bibliotheca asservantur, juxta rectum ordinem dispositus, et in quatuor classes distributus. — *Parisiis, Barbou,* 1730, in-8° de 27 p. [Inv. Q. 7432

(204 articles.)

Sur les instances de l'abbé Bignon, les chanoines de Saint-Martial de Limoges cédèrent à la Bibliothèque du roi leur importante collection de mss., appartenant à la période comprise entre le IXᵉ et le XIIIᵉ siècle. Ces volumes, reçus à la Bibliothèque le 5 septembre 1730, furent payés 5,000 livres. D'autres volumes, provenant de Saint-Martial, sont arrivés à la Bibliothèque par différentes voies. M. Delisle en a donné la liste à la p. 397, du *Cab. des Mss.* t. I.

63. ***Catalogue*** des Manuscrits de M. le Président de Mesmes.

(Dans Montfaucon, *Bibliotheca bibliothecarum,* II, 1326 à 1330 et 1664 à 1667.)

L'origine de la bibl. de la famille de Mesmes remontait à 200 ans.

En 1731, Mᵐᵉ de Lorge et Mᵐᵉ d'Ambre, filles et héritières de Jean-Antoine de Mesmes, comte d'Avaux, cédèrent à la Bibliothèque du Roi, pour 12,000 livres, une collection de 642 mss. Mais Le Dran, premier commis aux affaires étrangères, fit mettre à part 229 vol. de dépêches et de papiers se rapportant principalement aux négociations du comte d'Avaux. La Bibliothèque du roi ne conserva donc que 413 mss. du cabinet des de Mesmes; mss. grecs, latins et français.

CABINET DE COLBERT

64. **Collection de Doat**. — Dans Delisle, *Notice sur des collections manuscrites de la Bibliothèque Nationale.* (Extrait de la *Bibliothèque de l'École des chartes,* t. 32, p. 252-255.) 258 vol.

Cette collection est arrivée à la Bibliothèque nationale en 1732, avec le cabinet de Colbert.

Elle se compose de copies faites par ordre de Colbert, sous la direction de Jean Doat, depuis 1665 jusqu'en 1670, dans les différents dépôts d'archives du Languedoc, de la Guienne, de la Gascogne et du pays de Foix.

65. **Delisle** (Léopold). — Inventaire abrégé de la collection Dupuy. (Dans le *Cabinet historique,* 1882, t. I, p. 527-555.) [Lc⁷. 3

(958 n^os.)

Le recueil des frères Dupuy se composait, en 1656, date de la mort de Jacques Dupuy, dernier survivant, de 798 vol. in-fol. « curieusement reliés et amassés avec une recherche et dépense extraordinaire ». Cette collection fut léguée à M. de Thou.

66. **Thou** (de). — Catalogus bibliothecæ Thuanæ a clariss. VV. Petro et Jacobo Puteanis, ordine alphabetico primum distributus. Tum secundum scientiæ et artes a... Ismaele Bullialdo digestus. Nunc vero editus a Iosepho Quesnel... Cum indice alphabetico authorum. — *Parisiis, impensis directionis,* 1679, 1 tome en 2 vol. in-8° de 510 et 631 p. [Inv. Q. 8458-8459

Autre édition. — *Parisiis, imp. Directionis... nunc vero Hamburgi, C. Liebereit-Lauenburgi ad Albin, imp. C. A. Pfeiffer,* 1704, in-f°. [Inv. Réserve. Q. 171

Même édition, in-8°. — *Lauenburgi, C. A. Pfeiffer,* 1704, in-8°, de 510 et 632 p. [Inv. Q. 4425

La Bibliothèque de Jacques-Auguste de Thou jouissait d'une célébrité européenne, tant pour ses livres imprimés que pour ses livres manuscrits.

Les livres imprimés furent vendus en 1679, avec les mss. modernes, au président à mortier Jean-Jacques Charron de Menars. Mais Colbert acheta les mss. anciens au nombre d'environ un mille qui lui furent livrés en 1680. — Le catalogue de ces mss. se trouve aux pages 419-466 du *Catalogus bibliothecæ Thuanæ.*

67. [**Brièle** (L.).] — La Bibliothèque d'un académicien au XVIIe siècle. In-

ventaire et prisée des livres rares et des manuscrits de J. Ballesdens... — *Paris, Imp. Nat.*, 1885, in-4° de 23 p.

Extr. du tome IV des *Documents pour servir à l'hist. des Hôpitaux de Paris*, p. p. L. Brièle.

Les manuscrits de l'abbé Ballesdens furent légués par celui-ci à Colbert, à charge de payer à l'Hôtel-Dieu une somme équivalente au prix de la collection (soit 949 livres).

68. ***Bibliotheca Colbertina*** manuscriptorum, quæ inter præstantissimas Europæ numerabatur, non ita pridem in Regiam inducta.

Dans Montfaucon, *Bibliotheca bibliothecarum*, t. II, p. 922-1014. (6635 art.)

L'acquisition par le roi du Cabinet de Colbert ne se termina pas sans bien des négociations. Pour y mettre fin, au mois de février 1732, le comte de Seignelay, petit-fils du grand Colbert, offrit au roi le fameux cabinet en entier mais non pas, cependant, sans « représenter à Sa Majesté qu'on luy en donnerait plus de 600,000 livres, s'il voulait la vendre à quelque puissance étrangère. » Louis XIV, en échange du cadeau, donna 300,000 livres. Le comte de Seignelay avait fait faire une vente publique des livres imprimés, en 1728. Mais, à part quelques lacunes, la Bibliothèque possède la collection complète des manuscrits de Colbert.

Cette collection, la plus précieuse dont se soit enrichie la Bibliothèque du roi, se composait, en outre des volumes que Colbert avait fait recueillir individuellement de tous les coins de la France et de tous les pays, de débris plus ou moins considérables de bibliothèques déjà formées : Collège de Foix et bibliothèque des papes d'Avignon, — Chapitre du Puy, — Abbaye de Moissac, — Abbaye de Mortemer, — Abbaye de Savigny, — de Foucarmont, — de Bonport, — de La Noë, — Echevinage de Rouen. — Relativement aux mss. de l'abbaye de Moissac, voy. : *Note de Baluze sur les mss. de l'abbaye de Moissac*, par G. Servois (*Annuaire bulletin de la Soc. de l'Histoire de France*, 1863).

69. ***Catalogue*** des principaux manuscrits que M. Lancelot a remis et donnés à la Bibliothèque du roi.

(Dans Montfaucon, *Bibliotheca bibliothecarum*, t. II, 1667-1669.)

En reconnaissance de sa nomination d'inspecteur du Collège royal, en octobre 1732, Antoine Lancelot fit don au roi d'une collection de 206 mss. presque tous précieux, et de plus de 500 portefeuilles qui furent livrés dans le cours de l'année 1732. M. Delisle a donné l'état des portefeuilles de Lancelot tel qu'il fut dressé vers l'année 1732 (*Cab. des Mss.*, I, 409 et 410), état probablement incomplet.

70. ***Catalogue*** des livres du cabinet de M. de Cangé acheté par le roy au mois de juillet 1733. — *Paris*, 1733, in-8° de XII-450 p. [Inv. Q. 7433

La bibliothèque de M. Châtre de Cangé se composait de livres de théologie, de jurisprudence, de belles-lettres et d'histoire et de 158 manuscrits. Elle fut achetée en 1733 pour la somme de 40,000 livres.

71. **Jourdain** (l'abbé). — Mémoire historique sur la Bibliothèque du roi [attribué à l'abbé Jourdain, secrétaire de la Bibliothèque].

En tête du *Catalogue des livres imprimés de la Bibliothèque du roi*, Théologie, vol. I, p. I-LXXXII. *Paris, Impr. royale*, 1739, in-fol. [Inv. Q. 351

Première publication qui ait fait connaître avec quelques détails l'histoire de la Bibliothèque; l'auteur s'est servi des recherches que Boivin avait faites et qu'il avait presque terminées quand il mourut le 29 octobre 1726. (Voy. : *Mémoires de l'Académie des Inscriptions*, I. 310, II. 747, V. 350, et ms. n° 22571 fr. — Une traduction de ce *Mémoire* a été faite en allemand par G. C. E. W. (Westphal, d'après Kayser), et imprimée à *Quedlinburg, C. A. Reussner*, 1778, in-8° de 279 p. [Inv. Réserve. Q. 752

72. **Lepage** (Henri).— Le trésor des chartes de Lorraine, par Henri Lepage, archiviste du département de la Meurthe. — *Nancy, Wiener*, 1857, in-8° de 184 p. [Lj^{13}. 4

73. **Delisle** (L.). — Notices sur des collections manuscrites de la Bibliothèque Nationale. — Collections relatives à l'histoire des provinces. — Collection de Lorraine.

(Dans la *Bibliothèque de l'École des chartes*, t. XXXV, p. 259-270.)

La collection de Lorraine comprend 1036 vol. cotés 1 à 984. Elle se compose principalement de pièces originales provenant du Trésor des chartes et des établissements ecclésiastiques de la Lorraine. — C'est à l'année 1740 que se reporte son entrée à la Bibliothèque du roi, autorisée par le gouvernement sollicité par Lancelot. Lancelot avait été envoyé à Nancy en 1737 pour compléter le travail de Caille du Fourny, consistant dans un inventaire laissé inachevé des titres des duchés de Lorraine et de Bar. La mise au net de cet inventaire, léguée par l'auteur à la Bibliothèque royale, se trouve aux n°s 4880 à 4886 du fonds français.

74. ***La Bibliothèque du Roy,*** ode présentée à l'Académie française pour le prix de cette année M.DCC.XLI, par M. D. V. — (*S. l.*), 1741, in-4°, 8 pages.

75. **Linant.** — Les accroissements de la Bibliothèque du Roy, sous le règne de Louis XIV. Poème qui a remporté le Prix de l'année 1741, au jugement

de l'Académie Française. Par Monsieur Linant. — *Paris*, 1741, in-4° de 7 p. [Inv. Réserve. Q. 416

75 *bis*. **Saas** (l'abbé Jean). — Lettres d'un académicien à M*** sur le catalogue de la bibliothèque du roy. — (*S. l.*), 1749, in-16 de 60 p. [Inv. Q. 7434

Par l'abbé Jean Saas, d'apr. Barbier.

La feuille portant la signature C a été reliée par erreur avant la feuille B. Il n'y a qu'une lettre et elle est aussi rare que curieuse. (Note de Barbier.)

76. **Delisle** (Léopold). — Notes sur la Bibliothèque de la Sainte-Chapelle de Bourges. (Signé : Léopold Delisle.) — *Paris, typ. de F. Didot*, (*s. d.*), in-8° de 18 p. [Inv. Q. 7025

(Extrait de la *Bibliothèque de l'École des chartes*, 4e série, t. II, p. 142)

La Bibliothèque du roi recueillit une vingtaine de mss. provenant de la Sainte-Chapelle de Bourges, que les chanoines offrirent à Louis XV en 1752. Ces mss. sont décrits dans le travail de M. Delisle.

77. **Belley** (l'abbé Auguste). — Notice des ouvrages manuscrits de Monsieur du Cange. — *Paris, Gabriel-François Quillau, Père*, 1750, in-4° de 23 p. à 2 col. [Inv. Q. 1820

(Par l'abbé Auguste Belley d'après Barbier.)

1re partie : Notice des mss. qui sont à Vienne. — 2e partie : Mss. qui sont en France entre les mains de M. d'Aubigny.

78. **Du Fresne d'Aubigny** (J. C.). — Mémoire sur les manuscrits de M. Du Cange. — (*S. l.*), 1752, in-4° de 30 p. [Inv. Q. 1821

Par G. C. Du Fresne d'Aubigny, d'après Barbier.

L'auteur divise les manuscrits de Du Cange en trois classes : La première concerne l'Histoire de France en général. — La seconde, l'Histoire générale de la province de Picardie. — La troisième, tout ce qui se trouve n'avoir aucun rapport ni à l'Histoire de France, ni à l'Histoire de Picardie.

Peu s'en fallut que les papiers de ce grand travailleur ne fussent irréparablement perdus. Ils passèrent en différentes mains après la mort de son fils aîné, Philippe du Fresne. (22 juin 1692 — Du Cange était mort le 23 octobre 1688.) — Le lot le plus considérable fut acheté à l'abbé de Camps, qui ne le conserva pas intact; il en détacha plusieurs volumes qu'il céda, vers 1715 ou 1716, au libraire Mariette, et qui furent aussitôt revendus au prince Eugène; le restant de ce lot fut acquis par d'Hozier après la mort de l'abbé de Camps. — Jean Charles du Fresne d'Aubigny, arrière-neveu de Du Cange, s'imposa la tâche de rassembler les papiers de son grand-oncle. Il se fit remettre les recueils qui appartenaient à plusieurs de ses cousins et recouvra non seulement ce qui était passé chez d'Hozier, mais même les volumes qui avaient été acquis par le prince Eugène et qui étaient entrés à la bibliothèque impériale de Vienne. Du Fresne d'Aubigny réunit ainsi une cinquantaine de volumes ou de portefeuilles remplis des travaux et des notes de Du Cange. Il les déposa à la Bibliothèque du roi en 1756, et fut récompensé de son zèle par une rente viagère de 3,000 livres. » (Delisle, *Cab. des Mss.*, I, 425-426.)

79. **Anquetil-Duperron.** — Notices des manuscrits zends, pehlvis, persans et indiens, contenant les ouvrages de Zoroastre ou des traités relatifs à l'ancienne histoire des Perses et à leur religion, déposés à la Bibliothèque du Roi, le 15 mars 1762.

Dans : *Zend-Avesta,* II, 1-140 [O²h. 237

Ces volumes, au nombre de 18, ont été déposés à la Bibliothèque par Anquetil. Il les avait recueillis lui-même dans les Indes.

80. **Falconet.** — Catalogue de la bibliothèque de feu M. Falconet, médecin consultant du roi et doyen des médecins de la faculté de Paris,... — *Paris, Barrois,* 1763, 2 vol. in-8° de XLIV-543 et 829 p. [Inv. Réserve. Q. 748-749

(19798 art. Prix marqués.) — Table des divisions du catalogue. — Table alphab. des noms des auteurs et des ouvrages à la fin du second vol. — Sur le titre, une note manuscrite : « dont la vente a commencé le 12 mars 1764 ».

Au mois de décembre 1742, M. Falconet pria le roi d'accepter tous les livres de son cabinet qui ne se trouveraient pas dans sa bibliothèque, ne s'en réservant l'usage que pendant sa vie. Des cinquante mille volumes que M. Falconet a laissés après sa mort, la Bibl. du Roi en a acquis onze mille environ. — Tous les articles entre crochets [ ] se trouvent (ou devraient se trouver) à la Bibl. du roi.

81. [**Fontanieu**]. — Table générale du recueil de titres concernant l'histoire de France, tirés tant des anciens manuscrits que des mémoires originaux et pièces fugitives du temps, par M. Gaspard-Moyse de Fontanieu, conseiller d'état ordinaire.

(Dans la *Bibliothèque historique,* du P. Lelong (édit. de 1768), t. IV, Appendice, p. 1-11.)

Partie I : Pièces historiques suivant l'ordre des règnes. — Partie II : Droit public de France.

La collection de M. de Fontanieu comprenait 841 portefeuilles in-4°.

Il la vendit toute entière au roi le 27 août 1765, moyennant une somme de 90,000 livres payable à sa mort et une pension viagère de 8,000 livres.

82-83. **Clermont** (Collège de).— Catalogus manuscriptorum codicum collegii Claromontani, quem excipit catalogus mssrum domûs professæ parisiensis. — *Parisiis, Saugrain et Leclerc,* 1764, in-8° de XII-450 et 44 p. [Inv. Q. 8085

(Par D. Clément et Bréquigny, d'après M. Delisle). — 42 mss. de la collection du collège de Clermont entrèrent à la Bibl. du roi (1765). Les nos du catalogue auxquels ils correspondent sont indiqués dans le *Cab. des Mss.*, I, 435.

Sur les bibliothèques de Paris, voy. le Journal de Lidén, analysé par M. Geffroy, dans les *Archives des Missions*, et t. à p. sous le titre de : *Notices et extraits des mss. concernant l'histoire et la littérature de la France... dans les bibliothèques ou archives de Suède...* — (*Paris*, 1855, 8°), p. 416-444. [Inv. Q. 5161

84. **Fevret de Fontette.** — Détail d'un recueil d'estampes, dessins, etc., représentant une suite des événements de l'histoire de France, à commencer depuis les Gaulois jusques et compris le règne de Louis XV. [Ce recueil, formé par M. Fevret de Fontette, est aujourd'hui à la Bibliothèque du Roi.]

Dans la *Bibliothèque historique de la France du P. Lelong, nouvelle édition, augmentée par Fevret de Fontette* (1768). T. IV, p. 11-110 (2e partie).

85. ***Liste alphabétique*** de portraits des Français et Françaises illustres... qui sont tant à la Bibliothèque du Roi que dans le cabinet de M. de Fontette.

Dans la *Bibliothèque historique de la France du P. Lelong*, édition de 1768, t. IV, 2e partie, p. 134-285.

Cette collection, donnée à la Bibliothèque en 1770, compte 12,000 pièces. — Elle comprend, outre des portraits, des estampes reproduisant les événements militaires et politiques de la France, des faits épisodiques, etc. C'est surtout pour l'époque contemporaine du donateur que cette collection est précieuse pour son intérêt historique et la sûreté de ses renseignements.

86. **Blondeau de Charnage.** — Inventaire général sommaire du cabinet du chevalier Blondeau de Charnage, pensionnaire du roi, associé étranger de l'Académie royale d'Angers, ancien lieutenant d'Infanterie, demeurant à Paris, vieille rue du Temple, près l'hôtel de Soubise. — *Imp. de Quillau, rue du Fouarre, près la Place Maubert,* 1776, in-4° de 6 p. [Inv. Q. 1823

Une grande partie du cabinet du chevalier Blondeau de Charnage entra à la Bibliothèque du roi tant par les documents qu'il lui vendit de son vivant que par ceux dont sa veuve se démit en 1777, pour obtenir une rente viagère. Ces papiers augmentèrent notablement les collections du Cabinet généalogique constitué vers 1720, à l'aide des collections Gaignières et de d'Hozier.

87. **Fevret de Fontette.** — Inventaire sommaire des manuscrits et pièces détachées qui se trouvent dans la Bibliothèque de M. Fevret de Fontette, conseiller au Parlement de Dijon, concernant l'histoire de la Province de Bourgogne.

Dans la *Bibliothèque historique de la France*, du P. Lelong, t. III, 461-493, n°s 36073-37331.

Ces volumes entrèrent à la Bibliothèque en 1780 par suite d'un échange fait entre Moreau et le Mis de Paulmy qui les détenait on ne sait comment. — Toutefois, la collection de Fontette n'est pas arrivée intacte. Plusieurs portefeuilles sont aujourd'hui à la Bibliothèque de l'Arsenal. (Voy. n°s 5765-5766 du *Catalogue général des manuscrits de la Bibliothèque de l'Arsenal*, par Henry Martin, t. V, p. 434.)

88. **Le Prince.**— Essai historique sur la Bibliothèque du Roi, et sur chacun des dépôts qui la composent, avec la description des bâtiments, et des objets les plus curieux à voir dans ces différents dépôts (par Le Prince). — *Paris, Belin,* 1782, in-12 de xxiv-372 p. [Inv. Réserve. Q. 753

Le faux-titre porte en outre : « On y a joint une liste historique des Bibliothèques publiques et particulières de Paris, l'indication du jour et des heures où elles sont ouvertes, etc. »

Autre exempl. coté Q. 754 incomplet des dernières pages à partir de la p. 336, comme un certain nombre d'exemplaires de cette édition. — Une 2e édition préparée par Le Prince n'a pas paru.

Vers la même époque, 1784, John Andrews a consacré une lettre entière à la Biblioth. roy. (lettre XXIV), dans *Letters to a young gentleman.* [Lk^{7}. 6033

89. **La Vallière** (Duc de).— Catalogue des livres de la bibliothèque de feu M. le duc de La Vallière. Première partie contenant les manuscrits, les premières éditions, les livres imprimés sur vélin et sur grand papier, les livres rares et précieux par leur belle conservation, les livres d'estampes, etc., dont la vente se fera dans les premiers jours du mois de décembre 1783, par Guillaume de Bure fils aîné. — *Paris, G. de Bure,* 1783, 4 tomes dont 1 de supplément en 7 vol. in-8° de 602, lxiv-319, 394, 758, 388, 376-92 et x-90 p. [Inv. Réserve. Q. 890-896

Un autre exempl. avec des notes manuscrites de Van Praet. [Inv. Q, 903-910. — Un autre exempl. avec notes. [Inv. Q. 911-916

Dans cette vente, la Bibliothèque du roi se fit adjuger 255 vol. manuscrits dont le prix s'éleva à 41,197 livres 4 sous (Delisle, *Cab. des mss.*, I, 550). — Elle acquit également des livres imprimés.

Consultez *Liste manuscrite des noms des acquéreurs de la Bibliothèque du duc de La Vallière.* [Réserve. Q. 917

90. **Carra** (J. L.). — L'an 1787. Précis de l'Administration de la Bibliothèque du Roi, sous M. Lenoir. — (*S. l. n. d.*), in-8° de 15 p. [Inv. Réserve. Q. 756

[Par J.-L. Carra, d'après Barbier.]

Très violent libelle contre Le Noir (bibliothéc. en chef de 1783 à 1790). En tête de cette brochure on a ajouté deux pages manuscrites de la main de Mercier, abbé de Saint-Léger. Il note que l'abbé Desaulnays (garde des imprimés 1775-1790) avait eu à se défendre d'être l'auteur de cette brochure, mais qu'elle doit le plus vraisemblablement être attribuée à Cara (*sic*), attaché à la Bibliothèque du roi.

Il donne aussi le nom de la Princesse étrangère en cause dans l'épisode raconté à la p. 4.

2e édition, assurément plus correcte que la première; avec un petit supplément. — *Liège,* 1788, in-8° de 19 p. [Inv. Réserve. Q. 757

91. **Mercier de Saint-Léger** (l'abbé). — Lettre à un ami sur la suppression de la charge de Bibliothécaire du Roi, et sur un moyen d'y suppléer, aussi économique qu'avantageux aux Lettres. (A Paris, le 20 août 1787.) — *En France,* 1787, in-8° de 29 p. [Inv. Réserve. Q. 759

(Par l'abbé Mercier de Saint-Léger, d'après Barbier.) — « Le savant bibliographe, dans cette brochure remplie de détails pleins d'intérêt, proposait de confier aux Bénédictins le soin de la Bibliothèque du roi. » (Note de Barbier).

Un 2e exempl. porte un faux-titre : *Suite à l'an 1787.* (V. ci-dessus Carra : l'an 1787.) [Inv. Réserve. Q. 758

92. **Boullée.** — Mémoire sur les moyens de procurer à la Bibliothèque du Roi les avantages que ce monument exige. — (*S. l. n. d.*), in-fol. de 5 p. [Inv. Réserve. Q. 112

Mémoire accompagné d'une « Vue intérieure de la nouvelle salle projetée pour l'agrandissement de la Bibliothèque du Roi » et de plans.

Dépôt de Législation.

1759-1788.

93. [**Moreau**]. — Plan des travaux littéraires ordonnés par Sa Majesté, pour la recherche, la collection et l'emploi des monuments de l'histoire et du droit public de la monarchie française. — *Paris,* 1782, in-8° de 80-XXII p. [L⁴³, 1

94. **Moreau**. — Progrès des travaux littéraires ordonnés par Sa Majesté et relatifs à la législation, à l'histoire et au droit public de la monarchie française, par M. Moreau, historiographe de France. — *Paris,* 1787, in-8° de 54-VI p. [L⁴³, 1

95. **Moreau**. — Supplément aux deux mémoires destinés à faire connoitre les travaux littéraires ordonnés par Sa Majesté, et relatifs à la législation, à l'histoire et au droit public. Ou Lettre de M. Moreau, historiographe de France, à M. G. P. C. D. E., à l'occasion des dépenses assignées à ces travaux. (Paris, 10 avril 1788). — (*Paris*), 1788, in-8° de 26 p. [L⁴³, 1

96. **Champollion-Figeac**. — Notice sur le cabinet des chartes et diplômes de l'histoire de France; par M. Champollion-Figeac. — *Paris,* 1827, in-8° de II-32 p. [L⁴³, 2

97. **Charmes** (Xavier). — Le Comité des travaux historiques et scientifiques (Histoire et documents), par Xavier Charmes. — *Paris, Imp. nationale,* 1886, 3 vol. in-4° de CCXXV-497, 747 et 770 p. [L⁴⁵, 31 *g.*

Dans la collection des *Documents inédits sur l'histoire de France.*

Le *Dépôt de Législation* était un dépôt complet de toutes les lois et ordonnances connues édictées en France. La formation avait été commencée à Versailles en 1759, à l'instigation de Louis XV.

Concurremment à ce dépôt, fut organisé en 1762 le *Dépôt des Chartes,* entreprise plus vaste encore dont le but était « la recherche, la collection et l'emploi des monuments de l'histoire et du droit public de la monarchie française » afin d'éclairer les hommes d'État « sur les bases même de notre droit public et sur les motifs de la législation. » — Le nom de Bréquigny est resté le plus connu de tous les érudits qui consacrèrent leurs efforts à l'avancement de ce grand travail.

Ce second dépôt, d'abord rassemblé à la Bibliothèque du roi, en 1764, fut réuni au premier par décret du 3 mars 1781 et du 10 octobre 1788. Ils formèrent alors la *Bibliothèque de législation, administration, histoire et droit public,* désormais fixée à la chancellerie.

La Révolution vint interrompre ces travaux qui avaient donné déjà des résultats considérables. Un décret du 14 août 1790 ordonna la réunion du dépôt de la *Bibliothèque de législation* à la Bibliothèque du roi. Mais dans le transport, beaucoup de pièces furent perdues. D'autres, qui avaient été gardées par la chancellerie, ont été restituées à la Bibliothèque vers 1839 et en 1861. Néanmoins cette entreprise n'est pas demeurée sans résultats. Elle a servi de base à l'organisation du *Comité des travaux historiques* créé en 1834 par M. Guizot.

98. ***Mémoire de liquidation***. Bibliothèque du Roi. — 1 p. in-4°. [Inv. Réserve. Q. 418

Mémoire en blanc. (XVIIIe s.)

VII. — PÉRIODE RÉVOLUTIONNAIRE (1790-1795).

« La nouvelle dénomination de Bibliothèque royale en *Bibliothèque nationale* n'a été décrétée qu'en 1792; mais le nouveau régime était inauguré depuis longtemps, et l'on peut sans crainte le faire remonter à la démission du bibliothécaire Lenoir, en 1790. » (Delisle, *Cab. des Mss.* I, 552).

99. ***Eclaircissemens*** sur le travail dont l'Académie des Inscriptions et Belles-Lettres est chargée, relativement aux manuscrits de la Bibliothèque du Roi. — (*S. l.* [1790]) in-8° de 8 p. [Inv. Q. 7439

(Voy. n° 211.)

100. ***Bibliothèque*** du Roi. Certificat de liquidation. — (*S. l.*), 1791, in-fol. plano. [Inv. Réserve. Q. 113

Formule en blanc.

101. **Mercier de Saint-Léger** (abbé).— Projet pour l'établissement d'une Bibliothèque nationale en cinq sections, placées dans autant de quartiers de Paris. Lu par M. l'abbé de Saint-Léger, à la Commission séante au Collège Mazarin, le 15 février 1791. — (*Paris*), *imp. C. F. Perlet*, (*s. d.*,) in-8° de 15 p. [Inv. Réserve. Q. 762

102. **Demay.** — Inventaire des sceaux de la collection Clairambault à la Bibliothèque nationale, par G. Demay, chef de la section historique aux Archives nationales... T. I et II. — *Paris, Imp. nationale,* 1885-86, 2 vol. in-4° de II-700 et 667 p. [L[45] 32. N.

103. **Flandrin.** — Bibliothèque nationale. Département des Estampes. In-

ventaire des pièces dessinées ou gravées relatives à l'histoire de France, conservées au Département des manuscrits dans la collection Clairambault sur l'ordre du Saint-Esprit, rédigé par M. A. Flandrin, sous-bibliothécaire au Département des estampes. — *Paris, Hachette et Cie*, 1887, in-8° de VI-575 p. [8° Q. 1196

La collection Clairambault est bien diminuée, en comparaison de ce qu'elle fut à l'origine. Pendant près d'un siècle, Clairambault, généalogiste du roi, avait travaillé à réunir «une admirable collection de pièces, aussi utiles pour l'histoire générale de France que pour l'histoire particulière des familles.» — Son cabinet avait été cédé en 1755 à la bibliothèque du roi par Nicolas Paschal Clairambault, son neveu, moyennant une somme de 240,000 livres et une pension viagère de 3,000 livres. Il comprenait alors 3,250 volumes ou boîtes de documents. Mais plus de la moitié de la collection fut détruite en exécution d'un décret du 12 mai 1792 de l'Assemblée nationale. « Tous les titres généalogiques qui se trouveront dans un dépôt public, quel qu'il soit, seront brûlés.»

104. **Roset.** — Conversation familière, entre un Homme de Lettres et un ancien Libraire, sur le projet de supprimer les Armoiries, et autres marques de propriété féodale, empreintes sur la reliure de tous les Livres de la Bibliothèque Nationale. (Par le libraire Roset). — (*S. l. n. d.* [1792]? in-8° de 48 p. [Inv. Réserve. Q. 764

Les collections de la Bibliothèque nationale ont échappé au désastre que l'exécution d'une pareille mesure eût provoqué. — La destruction d'une partie du cabinet Clairambault resta heureusement un fait isolé à la Bibliothèque pendant la tourmente révolutionnaire.

105. **Tobiezen Duby.** — Copie de la Lettre écrite à la citoyenne Rolland, par le citoyen Tobiezen Duby. (Paris, l'an premier de la République, vendredi, 28 septembre). — (*S. l. n. d.*,) in-8° de 3 p. [Inv. Réserve. Q. 763

Curieuse lettre du signataire à Mme Rolland. Il fait valoir ses droits à remplacer, comme garde des Estampes de la Bibliothèque Nationale, « Joly au moment de perdre sa place par un juste châtiment de son aristocratie. »

106. **Chamfort.** — Sébastien Chamfort à ses concitoyens, en réponse aux calomnies de Tobiesen-Duby (18 septembre 1793). — (*S. l. n. d.*), in-8° de 11 p. [Ln27, 3838

107. [**Désaulnays**]. — Courtes observations sur les dénonciations de Tobiésen-Duby, contre les employés à la Bibliothèque Nationale (le 29 septembre 1793). — (*S. l. n. d.*,) in-8° de 6 p. [Réserve. Lb41. 3339

108. **Chamfort.** — Le citoyen Chamfort au citoyen Laveau, rédacteur du *Journal de la Montagne* (8 septembre 1793). — (*S. l. n. d.*), in-8° de 4 p.
(Collection Paul Lacombe.)

Il s'agit encore dans cette pièce des dénonciations dont Chamfort avait été l'objet de la part de Tobiezen-Duby. Le *Journal de la Montagne*, dans plusieurs articles, avait parlé de cette querelle. Chamfort écrit à Laveau à ce sujet.

109. [**Machet-Velye**]. — Considérations importantes sur l'un des plus précieux monuments de la République française.— *Imp. du Cercle social*, (*s. d.*,) in-4° de 12 p. [Inv. Réserve. Q. 419

Cette brochure a paru en 1793. « C'est un projet de translation de la Bibliothèque Nationale au Luxembourg. Le nom de l'auteur de cette brochure, inconnu à Barbier et à Quérard, m'a été révélé par un ex. portant cette signature : « Machet-Velye, rue du Théâtre-Français, n° 15, » et classé au British Museum, dans un recueil intitulé : *Objets divers*, III, IV (55*, 56*). (M. Tourneux, *Bibliogr. de l'Histoire de Paris.*)

110. **Quentin-Bauchart** (Ernest). — Bibliothèque de la reine Marie-Antoinette au château des Tuileries. Catalogue authentique publié d'après le manuscrit de la Bibliothèque Nationale, par E. Q. B. (Signé : Ernest Quentin Bauchart). — *Paris, Damascène Morgand*, 1884, in-16 de XXI-IX-181 p. (Papier vergé.) [8° Q. 914

(Tiré à 300 exemplaires numérotés.) — Ms. 13001, du fonds français : « Catalogue des livres de la reine. »

Les volumes de cette collection royale ont été transportés à la Bibliothèque l'année 1793. — Ils ne s'y retrouvent pas tous, cependant, sur les 460 ouvrages comprenant 1,800 vol. que mentionne le catalogue dressé par M. E. Quentin Bauchart, on compte 223 ouvrages portant la cote de la Bibliothèque nationale, et ne formant pas moins de 1,144 vol. — Consultez aussi : *Livres du boudoir de la reine Marie-Antoinette*, par L. Lacour. — Paris (*s. d.*), J. Gay, et *Bibliothèque de la reine Marie-Antoinette au Petit Trianon*, par Paul Lacroix. Paris, 1863, Gay.

111. [**Renouard**]. — Au Comité d'instruction publique [par Ant. Aug. Renouard] [2 du 2e mois de l'an II]. — (*S. l. n. d.*,) in-8° de 4 p. [Lb41. 871

Au sujet de la destruction proposée des écussons de l'estampille royale sur les volumes de la Bibliothèque Nationale.

Bibliothèque de Saint-Germain des Prés.

112. **Delisle** (Léopold).— Recherches sur l'ancienne bibliothèque de Corbie, par M. Léopold Delisle. — *Paris, Imp. impériale,* 1861, in-4° de 77 p. [Inv. Q. 1622

Extrait des *Mémoires de l'Académie des inscr. et belles-lettres,* t. XXIV, 1re partie, p. 325.

113. **Delisle** (Léopold).— Recherches sur l'ancienne bibliothèque de Corbie, par Léopold Delisle. — *Paris, A. Durand,* 1860, in-8° de 65 p. [Inv. Q. 7482

Mémoire lu à l'Académie des inscriptions et belles-lettres, et publié dans la *Bibl. de l'École des chartes,* 5e série, t. I, p. 499.

Les mss. de Corbie furent placés dans la bibliothèque de Saint-Germain, au nombre d'environ 400. Vers 1638, ils sont confondus avec les autres mss. de Saint-Germain. (Voy. aussi Delisle, *Cab. des mss.,* II, 104-141, 427-440.)

114. ***Bibliothecæ*** Seguierianæ porticus. — (Signé :) I.-H. (Isaac Habert?) — (*S. l. n. d.,*) in-4°, 4 p.

Pièce de vers latins.

115. ***Porticus*** bibliothecæ illustriss. Seguierii Cancellarii a Simone Vouët pictore regio depicta anno MDCXLV. — (*S. l.*) [1745], planches grand in-fol. (Les premières ont des vers latins différents de ceux qui sont imprimés in-4° (sans figure).

116. ***Catalogue*** des manuscrits de la bibliothèque de défunt Monseigneur le chancelier Séguier. — *Paris, chez Franc. Le Cointe,* 1686, in-12 de 119, 48, 36 et 45 p. [Inv. Q. 8407

Les livres imprimés du chancelier furent disséminés. Il avait été question pour la Bibliothèque du roi d'acquérir en bloc tous les mss. mais le projet n'aboutit pas et ils devinrent la propriété d'un petit-fils de Séguier, Coislin, évêque de Metz. Cette riche collection ne fut cependant pas perdue pour elle, elle la retrouva cent ans plus tard dans la bibliothèque de Saint-Germain des Prés.

117. **Montfaucon** (Bernardus de). — Bibliotheca Coisliniana, olim Segueriana, seu manuscriptorum omnium græcorum, quæ in ea continentur, accurata descriptio, ubi operum singulorum notitia datur, ætas cujusque

manuscripti indicatur, vetustiorum specimina exhibentur, aliaque multa annotantur quæ ad palæographiam pertinent. Accedunt anecdota bene multa ex eadem bibliotheca desumta, cum interpretatione latina, studio et opera D. Bernardi de Montfaucon, presbyteri et monachi benedictini ex congregatione Sancti Mauri. — *Parisiis*, 1715, in-fol. de XXXIV-810 p.

[Inv. Q. 362

Outre les mss. grecs qui forment à la Bibliothèque Nationale le *fonds Coislin*, la bibliothèque que l'évêque de Metz Henri-Charles du Cambout de Coislin tenait du chancelier Séguier, son grand-père, comprenait un grand nombre de mss. latins, français, italiens, etc. Tous ces mss. furent légués par Coislin aux Religieux de Saint-Germain des Prés le 1er mai 1731.

118. **Omont** (Henri). — Inventaire sommaire des manuscrits grecs de Coislin.

Dans l'*Inventaire sommaire des manuscrits grecs de la Bibliothèque nationale*. T. III, p. 111 (400 numéros).

119. ***Bibliotheca*** monasterii S. Germani a Pratis, Benedictinorum congregationis Sancti Mauri Lutetiæ Parisiorum.

Dans Montfaucon, *Biblioth. biblioth.*, II, 1041-1165. [Inv. Q. 135

120. **Delisle** (Léopold). — Inventaire des manuscrits de Saint-Germain des Prés conservés à la Bibliothèque impériale, sous les numéros 11504-14231 du fonds latin, par Léopold Delisle, membre de l'Institut. — *Paris, A. Durand et Pedone-Lauriel*, 1868, in-8° de 132 p.

Extrait de la *Bibliothèque de l'École des chartes*, 6e série, t. I, III et IV.

[Inv. Q. 7488

Presque tous les livres imprimés de la Bibliothèque de Saint-Germain des Prés furent détruits par un incendie en 1794. — En revanche, les manuscrits échappèrent et D. Poirier, qui avait été chargé de la garde de la bibliothèque de Saint-Germain, les fit transporter à la Bibliothèque nationale en décembre 1795 et en janvier et février 1796, en tout plus de 9,000 vol.

On a vu que la bibliothèque de Saint-Germain ne se composait pas seulement de la bibliothèque de l'ancienne abbaye de Saint-Germain, devenue le chef-lieu de la Congrégation de Saint-Maure. Elle s'était successivement enrichie des Biblioth. de Corbie (1638) — de Saint-Maur des Fossés (1716) — de Séguier (1731) — des mss. de la famille de Harlay (1716) — du cardinal de Gesvres (1736).

Enfin, on appelle *Résidu Saint-Germain*, à la Bibliothèque nationale, environ 1,500 vol. renfermant principalement les matériaux amassés par les Bénédictins en vue de leurs travaux, travaux où s'étaient déjà illustrés les Mabillon, les Montfaucon et tant d'autres.

121. **Delisle** (L.). — Notice sur des collections manuscrites de la Bibliothèque Nationale. — (*S. l. n. d.*), in-8° de 54 p.

Extrait de la *Biblioth. de l'École des chartes*, t. XXXII, p. 237-290.

Cette notice comprend les collections relatives à l'histoire des provinces. — La plupart de ces papiers proviennent des compilations des Bénédictins et sont arrivés à la Bibliothèque à l'époque de la Révolution.

A côté de l'indication de chacune des provinces, nous avons marqué l'année de l'entrée des collections à la Bibliothèque.

Bourgogne (1811) — Bretagne (1796) — Champagne (1795-1796) — Flandre (différentes époques) — Languedoc (partie avec le cabinet de Colbert, partie en 1823) — Lorraine (1740) — Périgord (1812-1831) — Picardie (1796) — Touraine (1811) — Vexin (1818).

122. ***Excerpta*** ex catalogo manuscriptorum RR. Patrum Oratorii, in vico S. Honorati Lutetiæ Parisiorum, qui catalogus a R. P. D. des Molets eruditis notis illustratus est.

Dans Montfaucon, *Bibliotheca bibliothecarum*... II, 1403-1405.

Les Oratoriens de la rue Saint-Honoré possédaient une belle collection de manuscrits orientaux. Elle est arrivée en entier à la Bibliothèque Nationale pendant la période révolutionnaire. Quant aux volumes latins et français, la Bibliothèque n'en recueillit que 392.

123. **Franklin** (Alfred). — Recherches sur la bibliothèque publique de l'église Notre-Dame de Paris au XIIIe siècle, d'après des documents inédits, par Alfred Franklin, de la bibliothèque Mazarine. — *Paris, Auguste Aubry*, 1863, in-8° de VII-184 p. [Inv. Q. 7485

Voy. aussi l'*Inventaire des manuscrits de Notre-Dame... conservés à la Bibliothèque nationale sous les nos 16719-18613 du fonds latin*, par M. Delisle. [Inv. Q. 7491

Ces vol. avec ceux de beaucoup d'autres couvents : Augustins, — Blancs-Manteaux — Capucins — Célestins — Cordeliers — Feuillants — Jacobins — Petits-Pères — Récollets, etc., sont entrés à la Bibliothèque pendant la période révolutionnaire.

124. **Delisle** (Léopold). — Inventaire des manuscrits de la Sorbonne conservés à la Bibliothèque impériale sous les numéros 15176-16718 du fonds latin,

par Léopold Delisle, membre de l'Institut.— *Paris, A. Durand et Pedone-Lauriel*, 9, rue Cujas, 1870, in-8° de 77 p. [Inv. Q. 7490

Extrait de la *Bibliothèque de l'École des chartes*, t. XXXI.

Le principal accroissement de la bibliothèque de la Sorbonne vint du cardinal de Richelieu. « Quand les manuscrits de la Sorbonne eurent été portés, en 1796, à la Bibliothèque nationale, on fondit dans une seule série l'ancien fonds et le fonds du cardinal Richelieu. De cette fusion résulta un fonds de la Sorbonne, composé de 1,848 numéros, qui a subsisté jusqu'en 1868, époque à laquelle ont été définitivement constitués le fonds latin et le fonds français. Les manuscrits français de la Sorbonne ont alors trouvé place dans la quatrième partie du fonds français; les latins ont à eux seuls formé la cinquième partie du fonds latin; ils y occupent les nos 15,176-16,718. »

125. **Franklin** (Alfred). — Histoire de la bibliothèque de l'abbaye de Saint-Victor à Paris, d'après des documents inédits, par Alfred Franklin, de la Bibliothèque Mazarine. — *Paris, Auguste Aubry*, 1865, in-8 de VI-158 p. [Inv. Q. 7486

Voy. aussi l'*Inventaire des manuscrits de l'abbaye de Saint-Victor conservés à la Bibliothèque Impériale, sous les nos 14232-15175 du fonds latin, par M. L. Delisle.* (Extr. de la *Biblioth. de l'École des chartes*, 6e série, t. V.)

La Révolution ferma la bibliothèque de Saint-Victor en 1791 et en fit passer, en 1796, presque tous les manuscrits à la Bibliothèque Nationale, soit 1265 vol. parmi lesquels 944 latins, cotés 14232-15175 du fonds latin, les autres disséminés dans les différents fonds. (Delisle, *Cab. des Mss.* II, 209-235.)

PÉRIODE MODERNE

I. — OUVRAGES GÉNÉRAUX.

126. **Desessarts** (N.-L.-M.). — Notice historique des grandes bibliothèques de toutes les nations, tant anciennes que modernes, et principalement de la Bibliothèque nationale de France, servant d'introduction au *Supplément des Siècles littéraires de la France*, par N.-L.-M. Desessarts, libraire,... — *Paris, chez l'auteur, libraire, place de l'Odéon, an* XI (*1803*), in-8° de 40 p. [Carnavalet. Sér. 63. N° 2465

Tirage à part de l'introduction au *Supplément* du grand ouvrage en 7 vol. de Desessarts. — Le court mais substantiel résumé historique sur la Biblioth. nationale remplit la moitié de cette notice.

La même année, M. Lavallée a écrit quelques réflexions philosophiques curieuses sur « l'immense tombeau de l'esprit de vingt siècles » où « dorment toutes les erreurs. » — *Lettres d'un Mameluck.* [Li. 382]

127. **Du Mersan**. — Guide des curieux et des étrangers dans les bibliothèques publiques de Paris,... par M. Du Mersan, quatrième édition... — *Paris, chez les marchands de nouveauté*, 1810, in-12 de 48 p. [Inv. Q. 7422

Nous n'avons pas trouvé trace des trois premières éditions.

Dans le même temps, des étrangers visitant Paris faisaient à leurs compatriotes des rapports très favorables sur la Bibliothèque impériale.

En 1800, M. Heinzmann, dans *Voyage d'un Allemand à Paris*, fait entre les bibliothèques des Universités allemandes et la Biblioth. nationale un parallèle tout à l'avantage de celle-ci (p. p. 130-134) [Lb^{42}. 2544]

En 1817, M. Thomas Raffles reconnaît aussi la supériorité de l'organisation de la Biblioth. roy. sur celle du British Museum : *Letters during a tour through some parts of France*, pp. 71-76. [L^{29} 63]

Un Allemand et un Anglais se rencontrent pour louer une administration française. L'éloge a son poids, et le rapprochement est intéressant.

128. **Petit-Radel** (Louis-Charles-François). — Recherches sur les bibliothèques anciennes et modernes jusqu'à la fondation de la Bibliothèque Mazarine, et sur les causes qui ont favorisé l'accroissement successif du nombre des livres, par Louis-Charles-François Petit-Radel, membre de l'Institut,... — *Paris, Rey et Gravier*, 1819, in-8° de VII-439 p. [Inv. Q. 5726

(Planches et portraits de Mazarin, Colbert, Gabr. Naudé, J.-L. Hooke.)

129. **Bailly** (J.-L.-A.). — Notice historique sur les bibliothèques anciennes et modernes, par J.-L.-A. Bailly, sous-bibliothécaire de la ville. — *Paris, Rousselon,* 1828, in-8°. [Inv. Q. 4574

(Biblioth. du Roi, pp. 59-115.)

130. **Bibliothèque Royale.** — (*S. l. n. d.*), 1 feuille in-8°. [Inv. Réserve. Q. 790

Formule de lettre à l'usage des conservateurs de la Bibliothèque pour annoncer l'admission au prêt des volumes. (Vers 1830).

131. **Foisy** (F.-M.). — Sommaire d'un opuscule intitulé : Essai théorique et pratique sur la conservation des Bibliothèques publiques. — *Paris, typ. de Lachevardière,* (*s. d.*), in-8° de 36 p. [Inv. Réserve. Q. 792

132. ***Rapport*** sur les besoins du Museum d'Histoire naturelle pour l'année 1835, et sur la Bibliothèque Royale, présenté au ministre de l'Instruction publique. — *Paris, Imp. Royale,* 1834, in-4° de 64 p. [Lf242 26

Rapport sur la Bibliothèque Royale,... par le Directeur, président du Conservatoire (Letronne), p. 27.

La même année, dans le dernier chapitre du tome I du *Nouveau tableau de Paris au* XIX*e siècle,* M. de Vaulabelle a publié une assez longue étude sur la Bibliothèque du Roi. Elle est intéressante, car elle donne une description détaillée de l'aménagement intérieur de la Bibliothèque, qui allait être bientôt complètement transformé.

Dans un recueil analogue au *Nouveau tableau de Paris,* qui a pour titre *Paris ou le Livre des cent et un,* et jouit d'un grand succès lors de sa publication (1831), le bibliophile Jacob (Paul Lacroix) a publié dans un chap. du tome I une spirituelle et très amusante étude sur, ou plutôt contre la Bibliothèque royale. Les reproches que l'auteur adresse à la Bibliothèque ne sont pas absolument dénués de fondement, puisque des abus qu'il signale (à propos du prêt des livres, par exemple), ont été réprimés depuis ; cependant, le bibliophile passe la mesure, défaut commun aux gens d'esprit.

133. **Ternaux-Compans.** — Lettre à M. le Ministre de l'Instruction publique sur l'état actuel des bibliothèques publiques de Paris.

(Voy. n° 314.)

134. **Dunoyer** (Ch.). — La Bibliothèque du Roi (Paris, 29 juin 1839 [Signé : Ch. Dunoyer]). — (*Paris*), *imp. Fournier,* (*s. d.*), in-8° de 27 p. [Lf242. 30

Même ouvrage que le suivant, moins l'avis préliminaire et les pièces justificatives.

135. **Dunoyer** (Ch.). — La Bibliothèque du Roi. Note publiée en 1839 par M. Ch. Dunoyer nommé administrateur général par l'ordonnance royale du 22 février, démissionnaire le 29 juin. Nouvelle édition, enrichie de quelques pièces justificatives, accompagnée de quelques notes explicatives. (Paris, 29 juin 1839. — *Paris, typ. Lacrampe fils et Cie*, avril 1847, in-8° de 47 p. [Lf242. 31

Avis préliminaire rappelant dans quelles conditions M. Ch. Dunoyer avait été amené à donner sa démission.

Pièces justificatives.

136. **Lacroix** (Paul). — Sur les Bibliothèques publiques de Paris. N° VIII des « Dissertations sur quelques points curieux de l'Histoire de France et de l'histoire littéraire », par Paul-L. Jacob, bibliophile. (Paul Lacroix). — *Paris, Techener*, 1840, in-8° de 40 p. [Réserve. L40. 18

Ces dissertations n'ont été tirées qu'à 50 exemplaires, numérotés, sur papier vélin, et à 5 exempl. sur pap. de Chine. — L'auteur se plaint amèrement de l'organisation de la Bibliothèque royale. Aussi plus tard Monselet dans ses *Tréteaux* (1858), mais celui-ci avec plus d'esprit et moins de malveillance.

137. **Dulaurier** (Ed.). — Mémoire, lettres et rapports sur le cours de langue malaye et javanaise fait à la Bibliothèque royale pendant les années 1841, 1842 et 1843, par Édouard Dulaurier,... — *Paris, B. Duprat*, 1843, in-8° de 139 p. [X. 1609 A a

138. **Danjou** (F.). — Exposé succint d'un nouveau système d'organisation des Bibliothèques publiques, par un bibliothécaire. — *Montpellier, typ. de Boehm*, 1845, in-8° de 29 p. [Inv. Réserve. Q. 811

(Par F. Danjou, d'après Barbier.)

139. [**Lacroix** (Paul)]. — Réforme de la Bibliothèque du Roi, par P.-L. Jacob, bibliophile. — *Paris, Techener*, 1845, in-12 de 151 p. [8° Q. 877

140. **Lasteyrie** (Ferdinand de). — Lettre de M. Ferdinand de Lasteyrie,... adressée au rédacteur en chef du *Moniteur*.

(Voy. : Partie administrative. Bibliothèque Royale. — Extraits du *Moniteur* des 13 et 17 mai 1847, n° 496.)

141. **Naudet.** — Lettre de M. Naudet,... à M. le Ministre de l'Instruction publique.

(Voy. : Partie administrative. Bibliothèque Royale. — Extraits du *Moniteur* des 13 et 17 mai 1847.)

142. **Pautet du Rozier** (J.). — Rapport à Son Excellence M. le comte de Salvandy,... sur l'organisation du personnel... et la rédaction du catalogue... — (*S. l.*), 1847, in-8° de 15 p. [Inv. Réserve. Q. 814

143. **Rochette** (Raoul). — Lettre à M. P. Paris sur le projet de mettre en direction la Bibliothèque Royale, ou Réponse au chapitre XVIII du rapport de M. Allard, membre de la Chambre des Députés, sur les crédits supplémentaires, par M. Raoul Rochette, un des conservateurs-administrateurs de la Bibliothèque royale. (Du cabinet des médailles,... 30 avril 1847.) — *Paris, Techener,* 1847, in-8° de 24 p. [Inv. Q. 7464

144. **Techener** (J.). — Considérations sérieuses à propos de diverses publications récentes sur la Bibliothèque Royale, suivies du seul plan possible pour en faire le catalogue en trois ans, par J. Techener. — *Paris, bureau du Bulletin du Bibliophile,* 1847, in-8° de 15 p. [Inv. Q. 7468

En première page : *Titres des différentes notices qui ont été, en ces derniers temps, publiés au sujet de la rédaction du catalogue de la Bibliothèque royale.*

145. **Pillon**. — Plaintes de la Bibliothèque Nationale au Peuple français et à ses représentants (Signé : Un Bibliothécaire). — *Paris, Techener,* juillet 1848, in-8° de 32 p. [Inv. Réserve. Q. 829

Par Pillon, d'après Barbier.

Cet exemplaire porte un envoi d'auteur manuscrit à Barbier.

146. **Hébrard** (J.). — Réorganisation des Bibliothèques publiques. — *Paris, imp. Bonaventure et Ducessois,* 1848, in-8° de 12 p. [Inv. Réserve. Q. 830

Les 12 pages sont numérotées 22-32.

147. **Seré**. — La lettre suivante vient d'être adressée au Ministre de l'Instruction publique. (Lettre de Ferdinand Seré, datée de Paris, le 13 mars 1848). — (*S. l. n. d.*), 1 f. in-4°.

Lettre contre les abus de pouvoir de l'administrateur général de la Bibliothèque royale.

148. **Naudet** (J.). — Lettre à M. Libri, membre de l'Institut, etc., au sujet de quelques passages de sa lettre à M. de Falloux, ministre de l'Instruction publique, relatifs à la Bibliothèque Nationale, par J. Naudet,... administrateur général de la Bibliothèque Nationale. — *Paris, imp. de Crapelet,* 1849, in-8° de 41 p. [Inv. Réserve. Q. 834

Passages où M. Libri disait que « toutes les bibliothèques de France, notamment la Bibliothèque Nationale, ont été mises au pillage ». — M. Libri avait de bonnes raisons pour le savoir. (Voy. Affaire Libri.)

Suit une *Note sur quelques passages de la lettre à M. de Falloux relatifs au département des livres imprimés*. Signé : Ch. Magnin.

Dans cette brochure ont été intercalées trois pages imprimées signées Naudet et datées de 1855, dont l'entête porte : *Rectification d'un passage de ma réponse à M. Libri au sujet de la Bibliothèque Nationale.*

149. **Naudet** (J.). — A Monsieur le Président et Messieurs les juges du Tribunal de première instance (première chambre). [Signé : J. Naudet, administrateur général de la Bibliothèque Nationale. Paris, le 21 février 1851.] — *Paris, imp. Guiraudet et Jouaust*, (*s. d.*), in-4° de 8 p. [Inv. Réserve. Q. 428

En réponse à une note de M. Feuillet de Conches, à propos d'une vente d'autographes faite pour lui par M. Charavay et où s'étaient trouvées plusieurs lettres provenant de volumes de la Bibliothèque Nationale qui avaient été prêtés à M. de Conches.

150. **Paris** (P.). — Rectification indispensable adressée à mes collègues les membres du Conservatoire, au sujet de la réponse *de la Bibliothèque Nationale* à M. Feuillet de Conches, par M. Naudet. 10 juin 1851. (Signé : P. Paris, ... conservateur adjoint de la Bibliothèque Nationale. — *Paris, imp. de S. Dautreville et Cie*, 1851, in-4° de 4 p. [Inv. Réserve. Q. 429

151. **Techener** (J.). — Un musée bibliographique au Louvre, par J. Techener. — *Paris, imp. Maulde et Renou*, 1852, in-8° de 10 p. [Inv. Réserve. Q. 844

Projet d'installation au Louvre d'un musée bibliographique à la formation duquel auraient contribué la Bibliothèque Nationale et les autres bibliothèques de Paris.

152. **Paris** (Louis). — Essai historique sur la Bibliothèque du Roi, aujourd'hui Bibliothèque impériale, avec des notices sur les dépôts qui la composent et le catalogue de ses principaux fonds, par Le Prince. Nouvelle édition, revue et augmentée des Annales de la Bibliothèque, présentant à leur ordre chronologique tous les faits qui se rattachent à l'histoire de cet établissement, depuis son origine jusqu'à nos jours, par Louis Paris, directeur du cabinet historique. — *Paris*, 1856, in-8° de v-466 p. [Inv. Réserve. Q. 755

153. **Pautet** (Jules). — Réorganisation de la Bibliothèque Impériale, par Jules Pautet, de la Société des gens de lettres. — *Paris, Lédoyen*, 1857, in-8° de 15 p. [Inv. Réserve. Q. 847

Extr. du *Cabinet historique*.

154. **Rathery** (E.-J.-B.). — Notice historique sur l'ancien Cabinet du Roi et sur la Bibliothèque Impériale du Louvre, par E.-J.-B. Rathery. — *Paris, J. Techener*, 1858, in-8° de 30 p. [Inv. Q. 7520

Extrait du *Bulletin du Bibliophile,* juin et juillet 1858.

Les accroissements successifs de la Bibliothèque du Roi, devenue un établissement à l'usage des savants et du public, nécessitèrent la création d'un *Cabinet de livres*, ou bibliothèque exclusivement réservée aux princes. Telle est l'origine de la Bibliothèque du Louvre. Mais une partie des collections qui avaient d'abord composé le Cabinet du Roi passèrent à la Bibliothèque Royale en 1667. A la suite de l'assassinat de l'abbé Bruneau par des voleurs qui avaient pénétré dans le Louvre, les médailles et les objets précieux ne se trouvant plus en sûreté dans ce palais, furent transférés à la Bibliothèque.

155. **Mérimée** (P.). — Rapport présenté à S. Exc. le Ministre de l'Instruction publique et des Cultes, par M. P. Mérimée, sénateur, au nom de la Commission chargée d'examiner les modifications à introduire dans l'organisation de la Bibliothèque Impériale. (Arrêté du 19 décembre 1857.) — *Imp. impériale,* mai 1858, in-4° de 34 p. [Lf²⁴². 35

Ce rapport fut suivi du décret du 14 juillet 1858 réorganisant la Biblioth. nat.

Monselet a écrit un amusant article sur les manies des bibliothécaires et sur certains abus relatifs au service de la Bibliothèque. Cet article a été imprimé en 1859 dans *Les Tréteaux de Charles Monselet.* — Paris, Poulet-Malassis, 1859, in-12, pp. 35-86.

Mais l'auteur s'empresse d'ajouter en note : « Cet article a été écrit et publié pour la première fois dans un journal, il y a plus d'une année. Depuis cette époque, d'importants changements ont eu lieu dans l'administration et dans le personnel de la Bibliothèque. Quelques améliorations, que nous avions indiquées, même avant M. Mérimée et son spirituel rapport, ont été réalisées. » Cet article n'a donc aujourd'hui que la valeur d'une date; mais comme tel, il servira plus tard de point de comparaison entre la Bibliothèque d'autrefois et la Bibliothèque d'aujourd'hui.

156. **Racinet** (Charles). — De la revendication des livres, estampes et autographes appartenant à la Bibliothèque Impériale et à la Bibliothèque Sainte-Geneviève, par M. Charles Racinet, avoué,... — *Paris, imp. Bonaventure,* août 1858, in-8° de 86 p. [8° Q. 875

Objets reconnus avoir été volés par Antoine-François-Émile Chavin de Malan, lors de la publication du Catalogue de ses collections faite à la fin de janvier 1858, après son décès.

157. **Franklin.** — La Bibliothèque Impériale, son organisation.

(Voy. division *Imprimés*, n° 328.)

158. **Curmer** (L.). — La photographie à la Bibliothèque Impériale. Lettre à Monsieur l'Administrateur général directeur de la Bibliothèque Impériale. (Paris, 16 janvier 1865.) — *Paris, L. Curmer*, 1865, in-8° de 13 p.

[Q. 7487

Préface dans laquelle Curmer se plaint que l'autorisation lui ait été refusée de reproduire par la photographie des miniatures de Jehan Foucquet.

(Un atelier de photographie fonctionne régulièrement à la Bibl. nat. depuis plusieurs années. Voy. *Partie administrative*, un rapport du Bon de Watteville en 1877, n° 514.)

159. **Franklin** (Alfred). — Histoire générale de Paris. Les anciennes bibliothèques de Paris, églises, monastères, collèges, etc., par Alfred Franklin, de la bibliothèque Mazarine. T. I-III. — *Paris, imp. Impériale*, 1867-1873, 3 vol. in-4° de XXIII-422, XXIV-400 et XXIV-639 p. [Lk7. 12596

Bibliothèque du roi, t. II, p. 107-219.

On trouve également dans cette importante publication des renseignements nombreux sur les bibliothèques de la Sorbonne, Saint-Victor, Notre-Dame, etc., qui ont contribué à l'enrichissement de la Bibliothèque à l'époque de la Révolution.

Le même auteur a publié en 1869 une *Histoire de la Bibliothèque du Roy*. (D'après le ms. Zf1. de la Bibliothèque Sainte-Geneviève.)

Dans le *Bibliophile français*, t. III (1869), p. 42-49.

Vers la même époque (1870) a paru un article très étendu dans la *Revue britannique*, sur la Bibliothèque nationale. On y trouvera en même temps qu'un rapide résumé historique, des considérations intéressantes sur l'administration, sur les émoluments du personnel et le budget général, mises en parallèle avec les moyens et l'organisation du British Museum. (*Revue britannique*, juillet-août 1870, pp. 289-324.)

160. ***Ministère*** de l'Instruction publique et des Beaux-Arts. Division des sciences et des lettres. Rapports sur le service des Archives, de la Bibliothèque Nationale et des missions pendant l'année 1876. — *Paris, imp. de P. Dupont*, 1876, in-8° de 141 p. [Arch. de la Biblioth. Nat.

La Bibliothèque nationale en 1875. Rapport... sur l'administration de la Bibliothèque nationale pendant l'année 1875. (Signé : Delisle), p. 42.

La Bibliothèque nationale : Salle de lecture. (Signé : Paul Chéron), p. 88.

161. **Delisle** (Léopold). — La Bibliothèque Nationale en 1875. Rapport à M. le Ministre de l'Instruction publique. (Signé : Léopold Delisle). — *Paris, imp. Gouverneur, G. Daupeley à Nogent-le-Rotrou,* 1876, in-8° de 52 p. [8° Q. 30

(Tir. à part de *Bibl. de l'Éc. des Chartes,* t. 37, p. 62-111.)

162. **Franklin** (Alfred). — Précis de l'histoire de la Bibliothèque du Roi aujourd'hui Bibliothèque Nationale, par Alfred Franklin. Deuxième édition corrigée et très augmentée. — *Paris, L. Willem,* 1875, in-8° de VII-341 p. [Inv. Q. 7493

Tiré à 400 exempl. tous numérotés. — Avec fac-similés d'ex-libris, reliures, etc.

163. (**Delisle**). — La Bibliothèque Nationale en 1876. Rapport à M. le Ministre de l'Instruction publique. (Signé : Léopold Delisle). — *Paris, H. Champion,* 1877, in-8° de 66 p. [8° Q. 205

Suit un Appendice :

I. Rapport... du 29 mai 1876 sur les catalogues des imprimés de la Bibl. nat.

II. Liste des estampages exécutés par M. Fichot pour le recueil de M. le baron de Guilhermy et exposés dans la salle qui précède la galerie Mazarine.

(Tir. à part de *Bibl. de l'Éc. des Chartes,* t. 38, p. 193-256.)

164. **Delisle** (Léopold). — Ministère de l'Instruction publique. (Direction des sciences et des lettres). La Bibliothèque Nationale en 1876. Rapport à M. le Ministre de l'Instruction publique, par M. Léopold Delisle, administrateur général. — *Paris, imp. de P. Dupont,* 1877, in-8° de 66 p. [8° Q. 205

(Extrait du *Bulletin administratif du Ministère de l'Instruction publique,* n° 409.)

Suit : 1° Rapport à M. l'Administrateur général de la Bibliothèque nationale sur le service de la salle publique de lecture. (Signé : Paul Chéron, biblioth.) ; — 2° Appendice : Liste des estampages exécutés par M. Fichot pour le recueil de M. le baron de Guilhermy et exposés dans la salle qui précède la galerie Mazarine.

165. (**Delisle**). — Direction de la Bibliothèque Nationale au conseil des Trustees du Musée britannique. (Paris, le novembre 1877.) — (*S. l. n. d.*), in-4° de 7 p. autogr. [Arch. de la Biblioth. nat.

(Le quantième du mois n'a pas été indiqué.)

Proposition d'échange en vue de rétablir dans leur état primitif des livres précieux de la Bibl. nat. lacérés et dont les morceaux se trouvaient en la possession du British Museum.

166. **Mortreuil** (T.). — La Bibliothèque Nationale, son origine et ses accroissements jusqu'à nos jours. Notice historique, par T. Mortreuil, secrétaire de la Bibl. nat. — *Paris, Champion*, 1878, in-8° de 174 p. [8° Q. 282

A la fin du vol. : Liste des gardes, directeurs et conservateurs de la Bibliothèque depuis son origine jusqu'à nos jours.

167. **Préseau.** — Mon idée pour isoler, achever et démocratiser la Bibliothèque Nationale. — *Paris*, 1879, in-8° de 18 p. [8° Q. Pièce. 153

Voy. aussi n° 465.

168. (**Delisle**). — Direction de la Bibliothèque Nationale. Note sur le Dépôt légal. (20 Novembre 1880). [Signé : L. Delisle].) — (*S. l. n. d.*), in-4°, 2 p. autographiées. [Arch. de la Biblioth. nat.

169. **Labiche** (J.-B.). — Notice sur les Dépôts Littéraires et la révolution bibliographique de la fin du dernier siècle d'après les manuscrits de la Bibliothèque de l'Arsenal, par J.-B. Labiche, conserv. à la Bibl. de l'Arsenal. — *Paris, typogr. de A. Parent*, 1880, in-8° de 120 p. [8° Q. 457

Les Dépôts Littéraires étaient formés des volumes provenant des bibliothèques particulières des émigrés et des bibliothèques des communautés religieuses confisquées à l'époque de la Révolution. Profitant du droit de préemption sur ces Dépôts qui lui avait été conféré pour compléter ses collections (arrêtés des 10 thermidor et 30 fructidor an III), la Bibliothèque accrut alors ses richesses d'un nombre de volumes qu'on n'estime pas moindre de 300,000.

Ces collections furent placées à part dans le second étage de la bibliothèque par séries de provenance comme elles l'avaient été dans les Dépôts, et constituèrent ce que M. Van Praet appela le « fonds du résidu. »

170. **Passier** (Alphonse). — Les échanges internationaux littéraires et artistiques. Leur histoire, leur utilité, leur fonctionnement au ministère de l'Instruction Publique de France et à l'étranger, par Alphonse Passier. 1832-1880 (31 décembre 1879). — *Paris, A. Picard*, 1880, in-8° de 53 p. [8° Q. 382

Pap. vergé. Tiré à petit nombre.

Le service des échanges internationaux définitivement organisé est pour la Bibliothèque nationale une grande source d'enrichissement. Elle reçoit chaque année de ce chef, et sans bourse délier, un nombre considérable de volumes publiés à l'étranger, principalement des documents parlementaires et des publications officielles des États-Unis, d'Italie, de Russie, etc., etc.

Même édition. Par Wilhem Eriksen. (Pseud. d'Alphonse Passier.) [8° Q. 381

171. **Delisle** (Léopold).— Notice sur les anciens catalogues des livres imprimés de la Bibliothèque du roi, par Léopold Delisle, membre de l'Institut, directeur de la Bibl. nat. — *Paris, H. Champion,* 1882, in-8° de 37 p.
[8° Q. Pièce. 246

(Extrait de la *Biblioth. de l'École des Chartes,* t. XLIII, 1882.)

I. Catalogue de Rigault, 1622.

II. Catalogue des frères Dupuy, 1645.

III. Premier catalogue de Nicolas Clément (1675-1684).

IV. Second catalogue de Nicolas Clément (1684-1714).

V. Projet d'impression du catalogue de Nicolas Clément.

VI. Catalogue publié au XVIIIe siècle (1750).

Appendice. — Discours préliminaire sur l'édition du Catalogue de la Bibliothèque du Roy.

172. **Picot** (Georges). — Le dépôt légal et nos collections nationales, par M. Georges Picot, membre de l'Institut. — *Paris, A. Picard,* 1883, in-8° de 26 p. [8° Q. Pièce. 275

Extrait du compte rendu de l'Académie des sciences morales et politiques (Institut de France), par M. Ch. Vergé, sous la direction de M. le Secrétaire perpétuel de l'Académie.

Ce mémoire, communiqué à l'Académie des sciences morales et politiques en novembre 1882, a été lu devant l'Institut, dans la séance trimestrielle du 3 janvier 1883.

Et dans la *Revue des Deux Mondes* du 1er février 1883.

L'auteur expose le mauvais fonctionnement du dépôt légal et en indique les remèdes.

173. **Couderc** (Camille). — Notice sur la Bibliothèque Nationale, par Camille Couderc, attaché au département des Manuscrits. — *Paris, H. Lamirault et Cie*, 1888, in-16 de 51 p.

Extrait de la *Grande Encyclopédie.* — Paris, Lamirault.

174-175. **Bouchot** (Henri). — Les reliures d'art à la Bibliothèque Nationale, par Henri Bouchot, du Cabinet des Estampes. Quatre-vingts planches, reproduites d'après les originaux par Aron Frères. — *Paris, Ed. Rouveyre,* 1888, gr. in-8° de 51 et XXII p. pap. vélin. [4° Q. 363

Tirage à 1,000 exemplaires. — Cet ouvrage ne sera jamais réimprimé.

Spécimens des plus belles reliures françaises depuis les premiers siècles de notre histoire jusqu'à la Révolution, avec une notice sur chaque spécimen de reliure.

Catalogues.

176. **Dumersan.** — Notice des monuments exposés dans le cabinet des médailles, antiques et pierres gravées et dans la Bibliothèque royale, avec l'histoire du cabinet des médailles et une notice abrégée sur les départements des livres imprimés, des manuscrits et du cabinet des estampes, cartes et plans. — *Paris, imp. Delanchy,* 1840, in-8° de XVI-191 p.

Inv. Réserve. Q. 780

Pour le détail des nombreuses éditions, voy. partie historique du *Cabinet des Médailles,* n° 396.

177. ***Exposition*** des récentes acquisitions de la Bibliothèque Nationale. — *Imp. Gouverneur, G. Daupeley à Nogent-le-Rotrou,* (1879,) in-8° de 4 p.

[8° Q. Pièce. 176

Liste des articles qui sont exposés depuis le 24 juin 1879. (Dép. des imprimés et dép. des manuscrits.)

178. ***Bibliothèque Nationale.*** — Imprimés, manuscrits, estampes. Notice des objets exposés. — *Paris, H. Champion,* 1881, in-8° de 146-84 et 38 p. [8° Q. 512

Imprimés. — Impressions xylographiques. — Origines de l'imprimerie. — Livres à figures. — Reliures. — Table.

Manuscrits. — Manuscrits. — Peinture des manuscrits. — Reliures. — Autographes. — Table alphabétique et table chronologique. — Table des divisions de la notice.

Estampes. — Estampes des différentes écoles. — Table.

179. ***Bibliothèque Nationale.*** — Notice d'un choix de manuscrits, d'imprimés et d'estampes acquis dans ces dernières années et exposé dans le vestibule. Mai 1889. — *Paris, typ. G. Chamerot,* 1889, in-8° de 51 p.

235 n^{os}.

180. **Pierret** (Émile). — Inventaire détaillé des catalogues usuels de la Bibliothèque Nationale, par Émile Pierret. — *Paris, Quantin,* 1889, gr. in-8° de 31 p. [4° Q. Pièce. 115

Extrait du *Livre,* mai 1889.

181. **Robert** (Ulysse). — État des catalogues des bibliothèques publiques de France. (Signé : Ulysse Robert.) — (*S. l. n. d.,*) in-8° de 27 p.

[8° Q. Pièce. 408

État des catalogues de la Bibliothèque nationale, p. 17.

II. — Département des Manuscrits.

C'est en 1720 que, par suite des accroissements considérables de la Bibliothèque du roi, les collections furent divisées en quatre départements : 1° Manuscrits; 2° Imprimés; 3° Titres et généalogies; 4° Estampes. (Voy. l'état actuel du département des manuscrits dans la *Préface de manuscrits latins et français ajoutés aux fonds des nouvelles acquisitions pendant les années 1875-1891,* de M. Delisle, p. XLVI.

182. **Omont** (H.). — Inventaire sommaire des manuscrits de la collection Renaudot conservée à la Bibliothèque nationale, par H. Omont. — *Paris, A. Picard,* 1890, in-8° de 30 p. [8° Q. Pièce. 665

Extrait de la *Bibliothèque de l'École des chartes,* 1890, p. 270-297.

« Eusèbe Renaudot avait en mourant (1720) légué sa bibliothèque à l'abbaye de Saint-Germain des Prés, mais ses ouvrages manuscrits et ses papiers étaient restés dans les mains de son neveu M. de Verneuil... leur acquisition n'eut lieu que vers 1798, de la famille Menou. Ces papiers, classés d'une façon fort défectueuse, ont été reliés en 1852 et forment 45 volumes, qui constituent la *Collection Renaudot,* parmi les collections diverses annexées au fonds des manuscrits français de la Bibliothèque nationale. (Voy. n° 289.)

La première partie de cette collection (nos 1-26) contient les fragments d'ouvrages et papiers liturgiques d'Eusèbe Renaudot; la seconde partie, de beaucoup la plus importante, renferme un grand nombre de documents relatifs aux affaires diplomatiques et religieuses de la seconde moitié du règne de Louis XIV, auxquelles Eusèbe Renaudot fut intimement mêlé. »

183. **Barbier.** — Particularités sur feu M. Mouchet, premier employé au département des manuscrits de la Bibliothèque impériale, sur la vente de sa bibliothèque, etc. (Signé : Barbier). — *Paris, de l'impr. bibliographique, rue Gît-le-Cœur,* 1807, in-8° de 14 p. [Ln27. 14909

Mouchet avait collaboré aux travaux de Sainte-Palaye et de Bréquigny. Ses papiers, acquis pour la Bibliothèque impériale en 1807, furent réunis à ceux de Sainte-Palaye. Ils forment les nos 1677-1734 de la collection Moreau. (Voy. n° 290.)

184. **Hase** (C.-B.). — Recueil de mémoires sur différents manuscrits grecs de la Bibliothèque impériale de France, par C.-B. Hase. Première partie. — *Paris, Imp. impériale,* 1810, in-4° de 45-43 et 74 p. [Inventaire Q. 1826

Extrait du tome VIII, 2e partie des « Notices et Extraits des manuscrits de la Bibl. impériale. »

1° Notice d'un ms. de la Bibl. impér. contenant l'ouvrage de Dracon de Stratonicée sur les différentes sortes de vers [περὶ μέτρων].

2° Notice de l'histoire composée par Léon Diacre, et contenue dans le ms. grec de la Bibl. impér. coté 1712. Texte et traduction latine du VI° livre de cette histoire.

3° Notice d'un ouvrage de l'empereur Manuel Paléologue, intitulé : Entretiens avec un professeur mahométan.

185. **Mabille** (Émile). — Catalogue analytique des diplômes, chartes et actes relatifs à l'histoire de la Touraine contenus dans la collection de Dom Housseau, par Émile Mabille, employé à la Bibliothèque impériale. — *Tours, imp. Ladevèze,* 1863, in-8° de VI-748 p. [Lc10. 51

Publié par la *Société archéologique de Touraine,* t. XIV.

Étienne Housseau a donné son nom à la collection de matériaux que les Bénédictins avaient formée sur l'histoire de la Touraine, de l'Anjou et du Maine.

Cette collection est entrée au département des Manuscrits en 1811.

186. **Abel-Rémusat.** — Mémoire sur les livres chinois de la Bibliothèque du roi, et sur le plan du nouveau catalogue dont la composition a été ordonnée par S. Ex. le Ministre de l'Intérieur; avec des remarques critiques sur le catalogue publié par E. Fourmont, en 1742. Par M. Abel-Rémusat. — *Paris, Le Normant,* 1818, in-8° de 60 p. [Inv. Réserve. Q. 771

Extrait des *Annales encyclopédiques,* année 1817.

187. **Omont** (H.). — Inventaire sommaire de la Collection Visconti, conservée à la Bibliothèque nationale, publié par H. Omont. — *Paris, E. Leroux,* 1891, in-8° de 26 p.

(Extrait de la *Revue archéologique,* tome XVII, 1891.)

« La *Collection Visconti* est formée des papiers du célèbre antiquaire E.-Q. Visconti, conservés au département des manuscrits de la Bibliothèque nationale parmi les collections diverses annexées au fonds des manuscrits français.

Au moment de leur entrée à la Bibliothèque, en 1822 (au prix de 3,000 fr.), les papiers de Visconti étaient distribués en 18 cartons, dont un inventaire fut dressé par C.-B. Hase. Ils ont depuis été sommairement classés, en 1856, et uniformément reliés en 35 volumes de format in-folio. »

188. **Champollion-Figeac.** — Notice sur les manuscrits autographes de Champollion le jeune, perdus en l'année 1832, et retrouvés en 1840, par

M. Champollion-Figeac. — *Paris, typ. de F. Didot,* mars 1842, in-8° de 47 p. [Inv. Q. 4924

Le 24 avril 1833, une loi prescrivit l'acquisition par la Bibl. des papiers de Champollion jeune.

189. **Champollion-Figeac.** — État actuel des Catalogues des Manuscrits de la Bibliothèque royale (1er mars 1847), par M. Champollion-Figeac. — *Paris, typ. Firmin-Didot, (s. d.,)* in-8° de 27 p. [8° Q. Pièce. 298

Avertissement dans lequel l'auteur indique les raisons qui lui font publier en 1847 cette notice écrite en 1842.

190. **Lalanne** (Lud.) et **Bordier** (H.). — Dictionnaire des pièces autographes volées aux bibliothèques publiques de la France précédé d'observations sur le commerce des autographes par Lud. Lalanne et H. Bordier. — *Paris, Panckoucke,* 1851, in-8° de 315 p. [Inv. Réserve. Q. 843

Division de l'ouvrage : Liste chronol. des ventes faites à Paris depuis 1820 jusqu'en 1851 (et suppl. 1851-1853). — Dictionnaire de pièces autographes volées et suppl. — Table, d'après l'ordre des ventes, des autographes mentionnés dans le dictionnaire comme soustraits. — Table générale des noms cités dans le dictionnaire.

191. **Burnouf.** — Catalogue des livres imprimés et manuscrits composant la bibliothèque de feu M. Eugène Burnouf, membre de l'Institut,... — *Paris, B. Duprat,* 1854, in-8° de 358 p.

Les manuscrits au nombre de 218, pour la plupart en dialectes indiens, ont été acquis en 1854 par la Bibliothèque nationale. Ils figurent sous les pages 321-353 de ce catalogue.

192. **Reinaud.** — Notice sur le catalogue général des manuscrits orientaux de la Bibliothèque impériale, lue dans la séance générale de la Société Asiatique du 20 juin 1855, par M. Reinaud, membre de l'Institut,... — *Paris, Imp. impériale,* 1855, in-8° de 16 p. [8° Q. Pièce. 392.

Extr. du *Journal asiatique,* 1855, n° 9.

193. (**Renier**). — Sur quelques inscriptions latines récemment exposées dans la salle du Zodiaque de la Bibliothèque impériale. (Signé : L. Renier). — *Paris, imp. de P. Dupont, (s. d.,)* in-8° de 12 p. [J. 8°

Extrait du *Bulletin des Sociétés savantes.* — Juillet, 1855.

194. **Ravaisson** (Félix). — Rapport adressé à S. Exc. le ministre d'État au nom de la commission instituée le 22 avril 1861 par M. Félix Ravaisson, membre de l'Institut. — *Paris, typogr. E. Panckoucke et Cie*, 1862, in-8° de 371 p. [Lf104 4

195. **Wailly** (Natalis de). — La Bibliothèque Impériale et les archives de l'Empire. Réponse au rapport de M. Ravaisson, par M. Natalis de Wailly, membre de l'Institut. — *Paris, imprim. de Ad. R. Lainé et J. Havard*, 1863, in-8° de 40 p. [Lf104. 5

La direction des archives avait réclamé le Cabinet des titres pour ses collections.

196. **Delisle** (Léopold). — Histoire générale de Paris. Le Cabinet des Manuscrits de la Bibliothèque impériale. Étude sur la formation de ce dépôt comprenant les éléments d'une histoire de la calligraphie, de la miniature, de la reliure, et du commerce des livres à Paris avant l'invention de l'imprimerie, par Léopold Delisle, membre de l'Institut, bibliothécaire au dép. des Mss. de la Bibl. impér. — *Paris, Imp. impériale*, 1868-1881, 3 vol. in-4° de XXIV-575, X-550, VIII-529 p. et un atlas in-4° de 51 pl. [Réserve Lk7. 12596

Le faux-titre porte : Histoire générale de Paris. Collection de documents fondée avec l'approbation de l'Empereur par M. le baron Haussmann, sénateur, préfet de la Seine, et publiée sous les auspices du Conseil municipal. Le Cabinet des Manuscrits de la Bibliothèque impériale.

T. I. — Historique du Cabinet, de Charles V à Louis XVI.

T. II. — Historique du Cabinet, de 1790 à 1873. — Notes sur diverses biblioth. dont quelques débris sont arrivés au département des Mss. — Appendice comprenant un choix d'anciens catalogues de livres du XIe au XVe siècle.

1re Partie : Biblioth. de Corbie — Moissac — Massay — de la cathédrale du Puy — de l'abbaye de Saint-Amand — de Cluni — de Saint-Aubin d'Angers — de Saint-Martin de Tournai — de Saint-Martial de Limoges — de Saint-Aphrodise de Béziers — de Saint-Martin de la Canourgue — de Maillezais — de Saint-Sulpice de Bourges — de Marchiennes — de Sainte-Geneviève de Paris et de Saint-Germain des Prés — de Richard de Fournival — de Saint-Pons de Tomières.

T. III. — Appendice.

2e et dernière partie : Biblioth. du chapitre de Paris — de Saint-André de Villeneuve-lez-Avignon — de la Sorbonne — du Louvre — du duc de Berry — du bâtard d'Orléans.

Explication des planches contenues dans l'Atlas. — Additions et corrections. — Table alphabétique des matières[1].

197. **Bruel** (Alexandre). — Les manuscrits français de la Bibliothèque impériale. Aperçu historique sur les catalogues et la classification de ces manuscrits, par Alexandre Bruel. — *Paris, V. Palmé,* 1869, in-8° de 12 p. [Inv. Réserve. Q. 860

Extrait de la *Revue des Questions historiques.*

Compte rendu du catalogue in-4° des mss. français.

198. **Delisle** (Léopold). — État des manuscrits latins de la Bibliothèque nationale au 1er août 1871 (Dans *Inventaire des manuscrits,...* Paris, 1871.), in-8° de XLIII p. [Inventaire. Q. 7491

199. **Robert** (Ulysse). — État des catalogues des manuscrits des Bibliothèques de France, par Ulysse Robert, ancien élève de l'École des chartes,... — *Paris, H. Menu,* 1877, in-8° de 29 p. [8° Q. Pièce. 382

Extrait du *Cabinet historique,* t. XXIII, catal., pp. 101-125.

Tiré à 125 exempl. dont 25 sur pap. vergé.

Catalogues de la Bibliothèque nationale, p. 19.

199*bis*. **Baschet** (Armand). — Mémoire adressé à M. le Ministre de l'instruction publique sur le recueil original des dépêches des ambassadeurs vénitiens pendant le XVIe, le XVIIe et le XVIIIe siècle, et sur la copie qui en a été entreprise pour être déposée au département des manuscrits de la Bibliothèque nationale, par M. Armand Baschet. — *Paris, Imp. nationale,* 1877, in-8° de 32 p. [8° Pièce. Lg³. 12

Extrait des Archives des missions scientifiques et littéraires, 3e série, t. IV.

200. **Delisle** (Léopold). — Inventaire des manuscrits de la Bibliothèque nationale. Fonds de Cluni, par Léopold Delisle..., directeur de la Bibliothèque nationale. — *Paris, H. Champion,* 1884, in-8° de XXV-413 p. [8° Q. 807

226 articles.

Appendice. Catalogue de la Bibliothèque de Cluni (milieu du XIIe siècle.)

Au XVIIIe siècle, l'avocat Lambert de Barive travailla plus de vingt ans à dépouiller les richesses du chartrier de Cluni. Ses copies

1. C'est cet ouvrage considérable de M. Delisle qui nous a guidé dans tout notre travail, et c'est à lui que nous avons renvoyé le lecteur, dans la plupart des notes, pour y chercher un supplément d'information.

forment l'une des séries les plus importantes du fonds Moreau à la Bibliothèque nationale.

Il fut question en 1792 de faire transporter les chartes de Cluni à Paris, mais le projet n'aboutit pas.

Cependant la majeure partie de ce qui subsiste des archives de Cluni est aujourd'hui rassemblé à la Bibliothèque nationale. Quelques fragments y sont entrés au XVIIIe siècle avec les collections de Colbert, Baluze, etc. Depuis 1829, on signale la réintégration d'un grand nombre de documents.

Enfin, en 1881, «la ville de Cluni, moyennant une indemnité de 20,000 francs, imputables sur les revenus de la fondation du duc d'Otrante, renonce, en faveur de la Bibliothèque, à la jouissance de ce qu'elle avait conservé des manuscrits et des chartes de l'abbaye.»

201. **Molinier** (A.). — Compte rendu de : **Delisle** (Léopold), Histoire générale de Paris, Le Cabinet des Manuscrits de la Bibliothèque nationale... (Signé : A. Molinier). — *Paris, H. Champion,* 1882, in-8° de 16 p.
[Supplément Lk7. 12596 *bis*

Extrait du *Cabinet historique*, nouvelle série, 1882.

202. **Delisle.**— L'œuvre paléographique de M. le comte de Bastard (signé : Léopold Delisle). — *Nogent-le-Rotrou, imp. Daupeley-Gouverneur,* (1882), in-8° de 26 p. [8° V. Pièce. 4329

Extrait de la *Bibliothèque de l'École des chartes,* t. XLIII, 1882.

M. le comte de Bastard a fait don à la Bibliothèque nationale de la série complète des planches qui composaient sa précieuse collection. (Voy. ci-après, *Catalogues :* Nouv. acq. fr. *Les collections de Bastard d'Estang à la Bibliothèque nationale...*, par L. Delisle, n° 225.)

203. **Omont** (H.). — Le fonds grec de la Bibliothèque nationale (Bibliothèque nationale [signé : H. Omont]). — *Nogent-le-Rotrou, imp. Daupeley-Gouverneur,* (*s. d.,*) in-8° de 4 p. [8° Q. Pièce. 349

Extrait de la *Bibliothèque de l'École des chartes,* t. XLIV, 1883.

204. **Omont** (Henri). — Fac-similés de manuscrits grecs des XVe et XVIe siècles reproduits en photolithographie d'après les originaux de la Bibliothèque nationale et publiés par Henri Omont. — *Paris, A. Picard,* 1887, in-fol. de 15 p. et 50 pl. [F° Q. 68

Les cinquante fac-similés de manuscrits grecs publiés dans ce volume, sont choisis exclusivement dans les collections de la Bibl. nat. et reproduisent l'écriture des principaux copistes du XVe et du XVIe siècle, rangés suivant l'ordre alphabétique de leurs noms.

205. **Delisle** (Léopold). — Les manuscrits des fonds Libri et Barrois à la Bibliothèque nationale. — Extrait du catalogue de ces manuscrits, par Léopold Delisle, membre de l'Institut,... — *Paris, H. Champion,* 1888, in-8° de XCVI p.

Cet extrait contient la Préface mise en tête du *Catalogue des manuscrits des fonds Libri et Barrois,* et dans laquelle M. Delisle fait l'historique de la fameuse affaire Libri.

(Voy. : *Affaire Libri,* n° 617.)

206. **Omont** (Henri). — Introduction à l'*Inventaire sommaire des manuscrits grecs de la Bibliothèque nationale. — Angers, imp. A. Burdin et Cie,* (1889), in-8° de XXXI p.

Contient le résumé de l'histoire du fonds grec et la liste alphabétique des principaux établissements, savants et bibliophiles qui ont contribué à la formation et au développement des collections du fonds grec de la Bibliothèque nationale.

207. **Delisle** (L.). — Préface d'un inventaire alphabétique par Léopold Delisle,... — *Paris, Champion,* 1891, in-8° de LXXXVII p.

Tirage à part des *Manuscrits latins et français ajoutés aux fonds des nouvelles acquisitions pendant les années 1875-1891.* — Cette préface est divisée en deux parties. La 1re fait l'historique des accroissements du Département des manuscrits de 1875 à 1891 ; — la 2e donne l'état actuel du Département.

CATALOGUES

Catalogues comprenant plusieurs fonds

208. **Montfaucon.** — Bibliotheca regia Parisiensis,

Dans *Bibliotheca bibliothecarum manuscriptorum nova* de Montfaucon (1739), t. II, p. 709-1040. [Inv. Q. 135

Mss. orientaux	1-1619
— grecs	1801-3543
— latins	3561-6700
— français, italiens et autres langues modernes	6701-9433
Bibliotheca Colbertina	1-6635
Catalogue des mss. arméniens dressé en 1735 par M. l'abbé de Villefroy	1-128
Suppléments	1025-1040

Le catalogue de Montfaucon n'est que la publication de celui dressé par Clément en 1682 et remis au net en 1739.

Le cadre de classement adopté par Clément et en partie conservé jusqu'à nos jours, est indiqué par M. Delisle, *Cab. des Mss.*, I, 291.

209. ***Catalogus** codicum manuscriptorum* Bibliothecæ regiæ, t. I-IV. — *Parisiis, ex typographia regia,* 1739-44, 4 vol. in-4° de 458 p., plus la table, 626-XLV, 632 et 536-CXXXVIII p. [Inv. Q. 358-361

T. I. Mss. orientaux. — 4,167 n^os^.

T. II. Mss. grecs. — 3,006 n^os^.

T. III-IV. Mss. latins. — N°s 1-4793-4794-8822.

Appendix, p. 497-536. — Index authorum-operum-anonymorum.

210. ***Excerpta*** ex catologo manuscriptorum R. R. Patrum Oratorii... — *Montfaucon, Biblioth. biblioth.*

Cette collection se composait de mss. orientaux et latins.

(Voy. n° 122).

211. ***Notices et extraits*** des manuscrits de la Bibliothèque du Roi, lus au Comité établi par Sa Majesté dans l'Académie royale des inscriptions et belles-lettres. — *Paris, imp. royale,* 1787-1883, 31 vol. in-4°. [Z. 2284

Cette publication se continue.

Le t. XV contient la table alphabétique des matières enfermées dans les quatorze premiers volumes. — Cette table est divisée en deux parties, d'après la division même qui a prévalu pour les *Notices et extraits des manuscrits* à partir du t. VII, et qui se fonde sur la distinction naturelle et historique de l'Orient et de l'Occident.

Il n'a pas été publié de table pour les volumes suivants.

212. ***Catalogue*** des manuscrits de l'ancien fonds du roi.

(Dans Migne : *Nouvelle Encyclopédie théologique. Dictionnaire des Manuscrits*, I, 720-837.) [Inv. D. 3620

Ce catalogue est une reproduction, en partie, de celui que Montfaucon a publié en 1739.

213. (**Delisle**). — Note sur le catalogue général des manuscrits des bibliothèques des départements suivie du catalogue de 50 manuscrits de la Bibliothèque nationale. — *Nogent-le-Rotrou, Janvier* 1873, in-8° de 53 p. [Inv. Q. 5688

Catalogue de 6 mss. français et de 44 mss. latins.

214. **Delisle** (Léopold). — Mélanges de paléographie et de bibliographie, par Léopold Delisle,... directeur de la Bibliothèque nationale. — *Paris, Champion*, 1880, in-8° de IX-505 p. [8° Q. 389

Chap. XV. — Manuscrits divers acquis par la Bibliothèque nationale en 1876, 1877 et 1878, et ajoutés aux différents fonds, p. 359-499.

215. ***Bibliothèque nationale.*** Département des manuscrits. Liste des catalogues et livres imprimés mis à la disposition des lecteurs dans la salle de travail. — *Paris*, 1891, in-8° de 47 p. autogr.

216. **Delisle** (Léopold). — Bibliothèque nationale. Manuscrits latins et français ajoutés aux fonds des nouvelles acquisitions pendant les années 1875-1891. Inventaire alphabétique par Léopold Delisle, membre de l'Institut... — *Paris, H. Champion*, 1891, 2 vol. in-8° de LXXXVII-384-855 p.

Le nombre de ces vol. monte à plus de 3,500, soit 1,060 pour le fonds lat. et 2,400 pour le fonds français.

Table alphabétique.

Tableau des cotes des mss. avec renvoi aux pages de l'inventaire.

Dans la seconde partie de la préface, M. Delisle donne l'état actuel du département des manuscrits avec une liste des catalogues, notices et tables de ces collections qui ont été publiés. Il a été fait un tirage à part de la préface, voy. n° 207.

216 *bis*. **Omont** (Henri). — Nouvelles acquisitions du département des manuscrits de la Bibliothèque Nationale, pendant l'année 1891-1892, par Henri Omont. — *Paris, A. Picard*, 1892, in-8°.

Extrait de la *Bibliothèque de l'École des Chartes*, 1892.

Notices sommaires des manuscrits latins et français acquis par le département des manuscrits depuis le 15 mars 1891, date extrême d'entrée des mss. inventoriés dans les deux volumes précédents de M. L. Delisle, jusqu'au 1er avril 1892. On y trouvera en plus les listes des mss. grecs et en langues modernes : anglais, basque, italien, néerlandais, scandinave et slaves, acquis depuis l'impression des catalogues des mss. en ces différentes langues. — Les notices des mss. italiens sont l'œuvre de M. L. Auvray.

FONDS FRANÇAIS.

(A) Ancien fonds.

217. **Paris** (Paulin). — Les manuscrits français de la Bibliothèque du Roi, leur histoire et celle des textes allemands, anglais, hollandais, italiens,

espagnols de la même collection, par M. Paulin Paris. — *Paris, Techener*, 1836-48, 7 vol. in-8° de XXXII-394, XXXII-408, VII-429, III-469, 511, VIII-499, 473 p. [Inv. Réserve. Q. 408-414

Chaque volume contient une table des noms de lieux et de personnes. — Le t. V contient en outre la table méthodique de tous les ouvrages contenus dans les cinq premiers volumes. Cette table méthodique est jointe, pour chaque volume, aux t. VI et VII. — Le t. VII contient une « Table des saints dont la vie se trouve dans les manuscrits jusqu'à présent examinés ».

218. ***Bibliothèque Impériale.*** — Département des Manuscrits. Catalogue des manuscrits français. Ancien fonds, publié par ordre de l'empereur. — *Paris, F. Didot*, 1868-81, 4 vol. in-4° de IX-783, 810 et 800 p.

Un catalogue manuscrit fait suite à ce catalogue imprimé et va du n° 4901 au n° 26484.

Une table alphabétique des auteurs et des matières, également manuscrite, en 10 vol., sert aux deux catalogues imprimés et manuscrits. — Elle est tenue à jour pour les nouvelles acquisitions.

219. **Delisle** (Léopold). — Inventaire général et méthodique des manuscrits français de la Bibliothèque nationale, par Léopold Delisle, membre de l'Institut, directeur de la Bibliothèque nationale, t. I et II. — *Paris, H. Champion*, 1876, in-8° de CLIX-201 et 355 p. [8° Q. 101

T. I. Théologie. — 2,428 mss.
T. II. Jurisprudence. — 3,805 mss.
— Sciences et arts. — 1,575 mss.

220. **Riant** (Cte P.). — Inventaire des matériaux rassemblés par les Bénédictins au XVIIIe siècle pour la publication des *Historiens des Croisades*. (Collection dite de Dom Berthereau. — *Paris, Bibl. nat.* fr. 9050-9080.)

Dans *Archives de l'Orient latin*, t. II, p. 105.

La presque totalité des papiers relatifs à la compilation des Bénédictins se trouvait entre les mains de l'un des leurs, Dom Berthereau, lorsqu'il mourut le 26 mai 1794. — La Bibliothèque en acquit une partie en 1813; le reste suivit en 1838.

Un inventaire sommaire de ces papiers a été fait en 1872 par le baron de Slane. — Celui dressé par le comte Riant le complète.

221. **Raynaud** (Gaston). — Bibliographie des chansonniers français des XIIIe et XIVe siècles, comprenant la description de tous les manuscrits, la table des chansons, classées par ordre alphabétique de rimes, et la liste

des trouvères, par Gaston Raynaud. — *Paris, F. Vieweg*, 1884, 2 vol. in-8° de XIII-252 p. et XVIII-246 p. [8° Q. 810

T. I. Description des manuscrits.
T. II. Table des chansons. Liste des Trouvères.

222. **Vaesen** (Joseph). — Notice biographique sur Jean Bourré, suivie du catalogue chronologique du fonds manuscrit de la Bibliothèque nationale, auquel il a donné son nom, par Joseph Vaesen. — *Paris, (Nogent-le-Rotrou, imp. de Daupeley-Gouverneur)*, 1885, in-8° de 217 p.

Extrait de la *Bibliothèque de l'École des chartes,* années 1882-1885.
1566 numéros. — Le catalogue a été dressé dans l'ordre chronologique. (Voy. n° 56.)

223. **Omont** (H.). — Inventaire sommaire des archives de la Chambre syndicale de la librairie et imprimerie de Paris. Manuscrits français 21813-22060 de la Bibliothèque nationale, publié par H. Omont. — *Paris (Nogent-le-Rotrou, imp. Daupeley-Gouverneur)*, 1886, in-8° de 22 p. [8° Q. Pièce. 516

Extrait du *Bulletin de la Société de l'Histoire de Paris et de l'Ile de France*, 1886, t. XIII, p. 151-159 et 174-187.
Ces documents entrèrent à la Bibl. nat. le 2 avril 1801.

224. **Van Werveke** (Dr N.). — Documents Luxembourgeois à Paris concernant le gouvernement du duc Louis d'Orléans, copiés et rassemblés par M. le comte A. de Circourt, mis en ordre et publiés par le Dr N. van Werveke. — *Luxembourg, V. Bück*, 1886, in-8° de 96 p. [8° M. 5715

(Extrait des « Publications de la Section historique de l'Institut royal de Luxembourg », 40e vol.)
Exempl. interfolié et annoté.

(B). Nouvelles acquisitions françaises.

225. **Bastard d'Estang** (E.). — Les collections de Bastard d'Estang à la Bibliothèque nationale. Catalogue analytique, par Léopold Delisle,... administrateur général de la Bibliothèque nationale. Chartes. Sceaux. Peintures et ornements des Manuscrits. Recueils divers. — *Nogent-le-Rotrou, imp. Daupeley-Gouverneur*, 1885, in-8° de XXII-336 p. [8° Q. 988

Cette collection comprend, outre 11 grands vol. contenant les reproductions des peintures et ornements des manuscrits, environ 5,500 documents qui fournissent « une masse énorme de renseignements précis et authentiques sur la chronologie des événements, la biographie des grands hommes, l'histoire des institutions, des usages, des lettres et des arts, principalement au XIVe et au XVe siècle.»

Ces collections ont été données à la Bibliothèque en 1884, par les héritiers du comte de Bastard.

FONDS LATIN.

(A) Ancien Fonds.

226. ***Bibliotheca*** monasterii S. Germani a Pratis.

Dans Montfaucon, *Bibliotheca bibliothecarum,* II, 1041-1165.

227. **Delisle.** — Inventaire des manuscrits de Saint-Germain des Prés conservés à la Bibliothèque impériale sous les n°s 11504-14231 du fonds latin. — *Paris,* 1868, in-8° de 132 p. [Inv. Q. 7488

Extrait de la *Bibliothèque de l'École des chartes,* 6e série, t. I, III et IV. Voy. : Partie historique, n°s 112-120.

228 **Delisle** (Léopold). — Inventaire des manuscrits latins conservés à la Bibliothèque nationale sous les numéros 8823-18613, et faisant suite à la série dont le catalogue a été publié en 1744, par Léopold Delisle, membre de l'Institut, conservateur au département des Manuscrits de la Bibliothèque nationale. — *Paris, A. Durand et Pedone-Lauriel,* 1863-1871, in-8° de 127, 132, 79, 77, 105, XLIII et 16 p.

Divisions de l'Inventaire.

229. (1863) I. N°s 8823-11503. Supplément latin, p. 1-127 et tirage à part. — *Paris, Durand,* 1863, in-8° de 127 p. [Inv. Q. 7484

230. (1868) II. N°s 11504-14231. Saint-Germain des Prés, p. 1-132; et tirage à part. Voy. partie historique, n° 120. [Inv. Q. 7488

231. (1869) III. N°s 14242-15175. Saint-Victor, p. 1-79 ; et tirage à part. Voy. partie historique, n° 125. [Inv. Q. 7489

232. (1870) IV. N°s 15176-16718. Sorbonne, p. 1-77; et tirage à part. Voy. partie historique, n° 124. [Inv. Q. 7490

233. (1871) V. N°s 16719-18613. Notre-Dame et autres petits fonds, p. 1-105; et tirage à part. Voy. partie historique, n° 123. [Inv. Q. 7491

Appendice. État des manuscrits latins au 1er août 1871, p. I-XLIII.

234. Inventaires des manuscrits latins de la Bibliothèque nationale insé-

rés au fond des nouvelles acquisitions du 1er août 1871 au 1er mars 1874, p. 1-16; et tirage à part. [Inv. Q. 7492

Cet inventaire, faisant suite aux 8,822 numéros décrits dans les t. III et IV du catalogue imprimé de 1739 à 1744 (catalogus codicum manuscriptorum bibliothecæ regiæ Parisiensis), complète la description de l'ancien fonds latin.

Il a été publié dans la *Bibliothèque de l'École des chartes,* années 1862-1870, 5e série, t. III et IV. 6e série, t. I, III et IV. 6e série, t. V et XXXI.

235. **Delisle.** — La Bibliothèque nationale en 1875. — Accroissements du fonds latin pendant l'année 1875.

Bibliothèque de l'École des chartes, 1876, t. XXXVII, p. 78-82 et tirage à part de 52 p. [8° Q. 30

236. **Robert** (Ulysse). — Inventaire des cartulaires conservés dans les bibliothèques de Paris et aux archives nationales, par Ulysse Robert, suivi d'une bibliographie des cartulaires publiés en France depuis 1840. — *Paris, A. Picard,* 1878, in-8° de VII-107-12 p. [8° Q. 267

Extrait du *Cabinet historique.* T. XXIII, catalogue, p. 126-235.

Tiré à 350 exemplaires dont 50 sur papier vergé.

237. **Reiners** (Ad.). — Les manuscrits de l'ancienne abbaye d'Echternach conservés à la Bibliothèque nationale de Paris, par Ad. Reiners, auditeur de l'École des chartes à Paris. — *Luxembourg, V. Bück,* 1886, in-8° de 40 p.

Extrait des *Publications de la Société historique de l'Institut royal grand-ducal de Luxembourg,* 40e volume.

21 mss. classés dans le fonds latin.

238. (***Bollandistes***). — Catalogus codicum hagiographicorum latinorum antiquiorum sæculo XVI qui asservantur in Bibliotheca nationali Parisiensi, ediderunt hagiographi Bollandiani. T. I et II. — *Bruxellis,* 1889-90, 2 vol. in-8° de IV-606 et 646 p.

Index sanctorum.

239. **Hauréau** (B.). — Notices et extraits de quelques manuscrits latins de la Bibliothèque nationale, par B. Hauréau, membre de l'Institut. T. I-IV. — *Paris, C. Klincksieck,* 1890-1892, in-8° de VII-406; 371; 352; 341 p.

Ces notices doivent former six séries « les premières de ces notices concernant des mss. de l'ancien fonds et les unes succédant aux autres sous les numéros assignés à ces manuscrits par le catalogue de l'année 1744. »

(B). Nouvelles acquisitions.

240. **Delisle.** — État des manuscrits latins de la Bibliothèque nationale au 1er août 1871. — Fonds latin des nouvelles acquisitions.

Dans la *Bibliothèque de l'École des chartes,* 1871, t. XXXII, p. 50-59.

241. **(Delisle).** — Inventaire des manuscrits latins de la Bibliothèque nationale insérés au fonds des nouvelles acquisitions du 1er août 1871 au 1er mars 1874. — *Nogent-le-Rotrou, imp. de A. Gouverneur,* (*s. d.*), in-8° de 16 p.

Extrait de la *Bibliothèque de l'École des chartes,* 1874, t. XXXV, p. 76-92.

242. **Delisle.** — Manuscrits divers acquis par la Bibliothèque nationale en 1876, 1877 et 1878.

Dans les *Mélanges de paléographie et de bibliographie,* p. 359-499.

243. **Robert** (Ulysse). — Inventaire des manuscrits latins de la Bibliothèque nationale insérés au fonds des nouvelles acquisitions, du 1er mars 1874 au 31 décembre 1881, par Ulysse Robert.

Dans le *Cabinet historique,* t. XXVIII, p. 52-74, 164-190, 293-296.

244. **Delisle.** — Inventaire des manuscrits de la Bibliothèque nationale, Fonds de Cluni,... — *Paris,* 1884, in-8°. (Voy. partie historique : N° 200.)

245. *Concordance* des numéros anciens et des numéros actuels des manuscrits de la Bibliothèque nationale, 1887. — (*S. l. n. d.*), un carnet oblong de 186 p. autogr.

246. **Desnoyers** (Jules). — Collections de M. Jules Desnoyers. Catalogue des manuscrits anciens et des chartes, par Léopold Delisle. — *Paris,* juin 1888, in-8° de VIII-53 p.

49 articles conservés à la Bibliothèque nationale. Le titre porte encore : *Notice sur un recueil historique du* XVIIIe *siècle,* par Marcel de Fréville.

247. **Delisle.** — Bibliothèque nationale. Notice d'un choix de manuscrits des fonds Libri et Barrois exposés dans la salle du Parnasse français. Avril 1888. — *Paris, typ. G. Chamerot,* 1888, in-8° de 31 p. [8° Q. Pièce. 561

121 articles du fonds Libri et du fonds Barrois, qui, d'après des indices plus ou moins certains, avaient été reconnus et signalés en 1883 comme indûment sortis de nos dépôts publics. Ils avaient été acquis par lord Ashburnham.

248. **Delisle** (Léopold). — Bibliothèque nationale. Catalogue des manuscrits des fonds Libri et Barrois, par Léopold Delisle,... — *Paris, H. Champion,* 1888, in-8° de XCVI-330 p.

7 planches de fac-similés. — Tableau des manuscrits du fonds Libri et du fonds Barrois recouvrés par la Bibliothèque nationale. — Liste des mêmes manuscrits suivant l'ordre des cotes qu'ils portent à la Bibliothèque nationale. — Explication des planches. — Table alphabétique. — (Voy. : *Affaire Libri*).

Fonds Grec.

Catalogue général.

248 *bis*. **Omont** (Henri). — Inventaire sommaire des manuscrits grecs de la Bibliothèque nationale, par Henri Omont, sous-bibliothécaire au département des manuscrits. T. I-III. — *Paris, A. Picard,* 1886-88, 3 vol in-8° de VI-299, 280 et 384 p. [8° Q. 1078

1re Partie. — Ancien fonds grec. — Théologie, nos 1-1318.

2e Partie. — Ancien fonds grec. — Droit. Histoire. Science, nos 1319-2541.

3e Partie. — Ancien fonds grec. — Belles-Lettres, nos 2542-3117. — Manuscrits grecs de Coislin, nos 1-400. — Manuscrits du supplément grec, nos 1-1100. (Les manuscrits ont été portés au catalogue du supplément grec suivant leur ordre d'entrée à la Bibliothèque nationale [novembre 1888]). — Manuscrits grecs conservés dans divers fonds de la Bibliothèque nationale.

Le quatrième et dernier volume est en préparation. — Il a été fait un tirage séparé à qqs. exempl. de l'introduction. — *Angers, imp. A. Burdin et Cie,* (1889), in-8° de XXXI p.

(A). Ancien Fonds.

249. Voyez t. II du *Catalogus codicum manuscriptorum Bibliothecæ regiæ* (n° 209).

250. **Omont**. — Inventaire sommaire des manuscrits grecs.

Ancien fonds, t. I-III.

(B). Fonds Coislin.

251. **Montfaucon.** — Bibliotheca Coisliniana... — *Parisiis,* 1715, in-fol.

Fonds Coislin composé de 400 vol. — (Voy. : N° 117.)

252. **Omont.** — Inventaire sommaire des manuscrits grecs de Coislin.

Dans l'*Inventaire sommaire des manuscrits grecs de la Bibliothèque nationale,* t. III, p. 111. (400 n^os^).

(C). Fonds du supplément.

253. **Omont** (Henri). — Inventaire sommaire des manuscrits du supplément grec de la Bibliothèque nationale, par Henri Omont. — *Paris, A. Picard,* 1883, in-8° de XVI-137 p. [8° Q. 745

Le fonds du supplément grec comprend (sauf les manuscrits de Coislin) tous les manuscrits grecs entrés à la Bibliothèque depuis 1740 jusqu'en 1883. — L'introduction donne l'indication, à leurs dates, des accroissements successifs du fonds du supplément grec.

254. **Omont.** — Inventaire sommaire des manuscrits du supplément grec.

Dans l'*Inventaire sommaire des manuscrits grecs de la Bibliothèque nationale,* t. III, p. 201, n°s 1-1100.

255. **Omont** (H.). — Additions au supplément grec de la Bibliothèque nationale 1883-1885. (Signé : H. Omont). — *Nogent-le-Rotrou, imp. de Daupeley-Gouverneur,* (*s. d.*), in-8° de 4 p. [8° Q. Pièce. 745

Extrait de la *Bibliothèque de l'École des chartes,* année 1885.

(D). Divers.

256. **Brunet de Presle** (W) et **Egger** (E). — Les papyrus grecs du Musée du Louvre et de la Bibliothèque impériale. Publication préparée par Letronne, exécutée par MM. W. Brunet de Presle et E. Egger. — *Paris, imp. impériale,* 1866, in-4° de 506 p. et un album de fac-similés.

Extrait du tome XVIII, IIe partie, des *Notices et extraits des manuscrits.*

257. **Bordier** (Henri). — Description des peintures et autres ornements contenus dans les manuscrits grecs de la Bibliothèque nationale, par Henri Bordier, bibliothécaire honoraire au département des manuscrits. — *Paris, H. Champion,* 1883, in-4° de VIII-336 p. [4° Q. 177

L'ouvrage comprend deux parties :

1° Inventaire sommaire des manuscrits grecs de la Bibliothèque nationale, ornés de peintures.

2° Détail des principaux manuscrits en suivant l'ordre chronologique. 163 vol. décrits du v° au xvii° siècle..

258. **Omont** (Henri). — Fac-similés de manuscrits grecs des xv° et xvi° siècles, reproduits en photolithographie d'après les originaux de la Bibliothèque nationale et publiés par Henri Omont. — *Paris, A. Picard*, 1887, in-4° de 15 p. et 50 planches. [F° Q. 68

259. ***Concordance*** des numéros anciens et des numéros actuels des manuscrits grecs de la Bibliothèque nationale, 1887. — (*S. l. n. d.*), un carnet oblong de 56 p. autogr.

260. **Omont** (Henri). — Fac-similés des manuscrits grecs datés de la Bibliothèque nationale du ix° au xiv° siècle, publiés par Henri Omont. Première livraison, planches 1 à 50. — *Paris, E. Leroux*, 1890, in-4°.

Deuxième livraison, planches 51 à 100. — *Paris, Leroux*, 1891.

260 *bis*. **Omont** (Henri). — Fac-similés des plus anciens manuscrits grecs en onciale et en minuscule de la Bibliothèque nationale du iv° au xi° siècle, publiés par Henri Omont. — Paris, E. Leroux, 1892, gr. in-fol. de 18 pages de texte et 52 planches en phototypie.

Ce recueil divisé en deux séries contient des fac-similés de *tous* les manuscrits grecs en écriture onciale, au nombre de vingt-huit, depuis le iv° siècle, et un choix des principaux mss. d'auteurs classiques grecs, du ix° au xii° siècle, conservés à la Bibliothèque nationale. Il forme le complément des *Fac-similés des mss. grecs datés* publiés en 1891.

261. (**Bastard** [Cte A. de]). — Nouvel essai de publication par la lithographie des peintures et ornements des manuscrits. Portraits de Nicéphore Botoniate, empereur d'Orient, de l'impératrice Marie, sa femme, et de Saint Jean Chrysostome (1078-1081). [Mss. Coislin. 79

(V. Delisle : Les collections de Bastard d'Estang, n° 225).

FONDS EN DIVERSES LANGUES MODERNES.

262. (**Gachard**). — La Bibliothèque nationale à Paris. Notices et extraits des manuscrits qui concernent l'histoire de la Belgique, par M. Gachard. T. I (II). — *Bruxelles, Hayez*, 1875-77, in-4° de lx-548 et vi-612 p.

Dans la *Collection de Chroniques Belges inédites.*

T. I : Chroniques. — Histoire, relations, mémoires. — Cartulaires et chartes. — Lettres, instructions, etc. — Supplément.

T. II : Conférences diplomatiques, traité, dépêches des ambassadeurs depuis le règne de François Ier jusqu'à celui d'Henri IV.

263. **Rott** (Édouard). — Inventaire sommaire des documents relatifs à l'histoire de Suisse conservés dans les archives et bibliothèques de Paris, par Édouard Rott, secrétaire de la légation de Suisse en France. — *Berne, imp. S. Collin,* 1882, 3 vol. in-8° de XII-471, XVI-645, et VII-824 p.

Ire Partie : 1444 à 1610.— IIe Partie : 1610 à 1648. — IIIe Partie : 1648 à 1684.

263 *bis.* **Santarem.** — Noticia dos manuscriptos pertencentes ao direito publico externo diplomatico de Portugal, e à historia e litteratura do mesmo paiz que existem na Biblioteca R. de Paris..., examinados e colligidos pelo segundo visconde de Santarem. — *Lisboa, na typografia da Academia real das sciencias, 1827. Petit in-4° de 105 p.*

264. **Ochoa** (Eugenio de). — Catalogo razionado de los manuscritos Españoles existentes en la Biblioteca Real de Paris, seguido de un suplemento que contiene los de las otras tres bibliotecas publicas (del Arsenal, de Santa Genoveva y Mazarina), por Eugenio de Ochoa. — *Paris, imp. Réal,* 1844, in-4° de x-703 p. Inv. Q. 1829

265. **Morel-Fatio** (Alfred). — Catalogue des manuscrits espagnols de la Bibliothèque nationale, par M. Alfred Morel-Fatio (1re livraison). — *Paris, Imp. nationale,* 1881, in-4° de 243 p. [f° Q. 26

La deuxième et dernière livraison contiendra l'introduction, l'appendice, le supplément et les tables. — Le catalogue des manuscrits portugais, pour faire suite au catalogue des manuscrits espagnols, est imprimé, mais n'a pas encore été publié. (111 numéros.)

266. **Martinof** (Le P.). — Les manuscrits slaves de la Bibliothèque impériale de Paris, par le P. Martinof, de la Compagnie de Jésus, avec un calque. — *Paris, Julien Lanier, Cosnard et Cie,* 1858, in-8° de 113 p. [Inv. Réserve. Q. 848

267. **Marsand** (Dottore Antonio). — I manoscritti italiani della regia biblioteca parigina descritti ed illustrati dal dottore Antonio Marsand, professore emerito dell' imper. et reale Univers. di Padova,— *Parigi, Stamp. reale,* 1835, in-4° de XIIj-864 p. [Inv. Q. 1827

268. **Raynaud** (Gaston). — Inventaire des manuscrits italiens de la Bibliothèque nationale qui ne figurent pas dans le catalogue de Marsand, par Gaston Raynaud, employé au département des manuscrits de la Bibliothèque nationale. — *Paris, A. Picard et H. Champion,* 1882, in-8° de 152 p.

Extrait du *Cabinet historique* (1881). [8° Q. 926

269. **Mazzatinti** (Giuseppe). — Inventario dei manoscritti italiani delle Biblioteche di Francia. Manoscritti italiani della Biblioteca nazionale di Parigi. — *Roma,* 1886, 1887, 1888, 3 vol. in-8° de CLXXXII-256, VI-661 et VIII-730 p.

La couverture porte : *Ministero della Pubblica Istruzione. Indici et cataloghi.* V. *Manoscritti italiani delle Biblioteche di Francia.* — Le catalogue des mss. de la Bibl. nationale ne comprend que les deux premiers volumes. (Un IVe à paraître).

270. **Raynaud** (Gaston). — Inventaire sommaire des dépêches des ambassadeurs vénitiens relatives à la France, déposées au département des manuscrits de la Bibliothèque Nationale, par Gaston Raynaud (31 décembre 1879). — *Paris, A. Picard,* 1878, in-8° de 15 p. numérotées 1-14 et 217.

Extrait du *Cabinet historique.* T. XXIV.

Cet inventaire sera complété lorsque les copies des 268 liasses qui composent la série des dépêches françaises émanant des ambassadeurs vénitiens, et poursuivies par les soins de M. l'Administrateur général, auront été terminées et déposées au départ. des manuscrits.

271. **Narducci** (Enrico). — Fonti per la storia di Venezia ricercate nei manoscritti delle Biblioteche di Francia, per Enrico Narducci. (Roma, 7 febbraio 1887). — (*S. l. n. d.*), in-8° de 52 p.

Les mss de la B. n. figurent dans les numéros 34 à 331.

272. **Sarfatti** (Attilio). — I codici veneti delle Biblioteche di Parigi ricerche di Attilio Sarfatti (Per incarico di S. E. il Ministro della P. I.). — *Roma, Forzani,* 1888, in-8° de XI-198 p.

Bibliothèque nationale : Notice historique, p. 13-22. — I codici veneti della Nazionale, p. 23-146.

273. **Raynaud** (Gaston). — Catalogue des manuscrits anglais de la Bibliothèque nationale, par Gaston Raynaud, employé au département des manuscrits de la Bibliothèque nationale. — *Paris, H. Champion,* 1884, in-8° de 30 p. [8° Q. Pièce. 357

Voy. aussi les correspondances des ambassadeurs français en Angleterre. — Répertoire général de toutes les dépêches et autres documents appartenant aux correspondances des ambassadeurs de France successivement accrédités en Angleterre depuis le règne d'Henry VIII jusqu'au règne de Georges Ier, 1509-1714. Inventaire formé par M. Armand Baschet, d'après les textes conservés dans les différents dépôts de mss. tels que bibliothèques et archives en France. (Pages 573-826 du vol. intitulé : The XXXIX annual report of the Deputy Keeper of the public records. London, 1878, in-8°.

274. **Huet** (Gédéon).— Catalogue des manuscrits néerlandais de la Bibliothèque nationale, par Gédéon Huet, archiviste-paléographe. — *Paris, (Lille, imp. Danel),* 1886, in-8° de 74 p. [8° Q. 1143

275. **Skæbne** (Olaf). — Catalogue des manuscrits danois, islandais, norvégiens et suédois de la Bibliothèque nationale de Paris, par Olaf Skæbne [H. Omont]. — *Skalholt [Angers], P. Hammer Bogtrykkeri,* 1887, in-8° de VII-21 p. [8° Q. Pièce. 526

276. **Omont** (Henri).— Catalogue des manuscrits celtiques et basques de la Bibliothèque nationale, par Henri Omont. — *Paris,* 1890, in-8° de 46 p.

Extrait de la *Revue Celtique,* t. XI, p. 389-432.

Le fonds des mss. celtiques et basques de la B. n. comprend 105 vol.

Collections de Provinces et Collections diverses.

La Bibliothèque nationale possède beaucoup de collections manuscrites, dont chacune forme un tout complet et indivisible, soit qu'elle représente le travail d'un individu ou d'une association, soit qu'elle consiste en documents plus ou moins systématiquement réunis sur une matière déterminée. Comme ces collections se composent de documents écrits en différentes langues, on n'aurait pu les rattacher au fonds latin ou au fonds français sans tomber dans l'inconvénient d'incorporer au fonds latin beaucoup de volumes français, ou bien au fonds français beaucoup de volumes latins. Voilà pourquoi elles sont restées en dehors des deux grands fonds du département des manuscrits; ces collections peuvent se diviser en deux classes :

Première classe : *Collections sur l'histoire de diverses provinces.*

Seconde classe : *Collections diverses.*

Collections de Province.

276 *bis.* **Grenier** (Dom). — Pouillé des manuscrits composant la collection de dom Grenier sur la Picardie à la Bibliothèque du roi par Ch. Dufour. — *Amiens, imp. de Ledieu fils,* 1839, in-8° de 90 p.

Extrait du tome II des *Mémoires de la Société des antiquaires de Picardie*, p. 385-474.

277. **Housseau** (Dom). — Catalogue analytique des diplômes... relatifs à l'histoire de la Touraine, contenus dans la collection de Dom Housseau. — *Tours*, 1863, in-8°.

Voy. n° 185.

278. **Delisle.** — Notice sur des collections manuscrites de la Bibliothèque Nationale. — (*S. l. n. d.*,) in-8° de 54 p.

Extrait de la *Bibliothèque de l'École des chartes*, t. XXXII, p. 237-290.

Cette notice comprend les collections relatives à l'histoire des provinces, savoir :

Bourgogne : nos 1-111 (pour la Bourgogne, voy. aussi la collection Fevret de Fontette, n° 282); — Bretagne : mss. fr., nos 22308-22359 (voy. aussi vol. III-VI du *Cabinet historique*); — Champagne : nos 1-154; — Flandre : nos 1-195; — Languedoc : collection de Doat : nos 1258; collect. de Languedoc : nos 1-199; — Lorraine : nos 1-984; — Périgord : nos 1-114 (voy. aussi t. III, part. II du *Cabinet historique*) : — Picardie : 1-352 (voy. aussi les vol. III-XIV du *Cabinet historique*); — Poitou : mss. cat., nos 18376-18404 (la table chronol. des chartes contenues dans ces vol. a été dressée par M. Redet; — Poitiers, 1839, in-8°); — Touraine : nos 1-31; — Vexin : nos 1-79; — Voy. aussi n° 121.

279. **Delisle.** — Notice sur des collections manuscrites de la Bibliothèque Nationale. — Collections relatives à l'histoire des provinces. — Collection de Lorraine,

Dans la *Bibliothèque de l'École des chartes*, t. XXXV, p. 259-270.

Cette collection comprend 1,036 vol. cotés 1 à 984. — Voy. aussi n° 73.

280. **Robert** (Ulysse). — Catalogue des manuscrits relatifs à la Franche-Comté, qui sont conservés dans les bibliothèques publiques de Paris, par M. Ulysse Robert, attaché au département des manuscrits de la Bibliothèque Nationale. — *Paris, Champion*, 1878, in-8° de 296 p. [Q. 356

Extrait des *Mémoires de la Société d'émulation du Jura*.

Bibliothèque nationale : Fonds latin, p. 7-68; — Fonds français, p. 68-125; — Nouvelles acquisitions françaises, p. 125-160; — Collections diverses, p. 161-251.

On a ajouté à la fin du catalogue deux notices de M. Bordier, l'une sur l'apocalypse de Saint-Lupicin (ms. lat. 9384), l'autre sur le lectionnaire de Luxeuil (ms. lat. 9427). — (Voy. aussi, t. X, part. II, p. 1-13 du *Cabinet historique*.)

280 *bis*. **Bosredon** (Philippe de). — Inventaire sommaire de la collection Périgord à la Bibliothèque nationale, par M. Philippe de Bosredon. — *Périgueux*, 1890, in-8° de 112 p.

COLLECTIONS DIVERSES.

281. **Fontanieu.** — Table des portefeuilles de Fontanieu.

Dans la *Bibliothèque historique* du P. Lelong, édition 1768-78, t. IV, deuxième partie, p. 1-11. (Voy. n° 81.)

282. **Fevret de Fontette.** — Inventaire sommaire de sa collection de manuscrits.

Dans la *Bibliothèque historique* du P. Lelong. T. III, 461-493, n°s 36073-37331. (Voy. n° 87).

283. **Delisle.** — Notice sur des collections manuscrites de la Bibliothèque Nationale; Baluze, Bréquigny et Brienne.

Dans la *Bibliothèque de l'École des chartes*, t. XXXV, p. 266-325.

Voy. : partie historique : Baluze, n° 57. — Bréquigny, *Cabinet des chartes*, n° 97. — Brienne, n° 41.

284. **Fleury** (Joly de). — Inventaire sommaire de la collection Joly de Fleury, par A. Molinier. — *Paris, A. Picard*, 1881, in-8° de XXXXVI-114 p.

Dans le *Cabinet historique*, t. XXVI et XXVII.

Cette collection se compose de 2,555 vol. in-folio, contenant en moyenne 400 feuillets. Les documents qu'elle renferme se rapportent, sauf quelques exceptions, à l'administration de la France pendant le XVIII° siècle, et la plupart proviennent du cabinet des procureurs généraux au Parlement de Paris. — Elle a été acquise en 1836 du dernier des Joly de Fleury.

285. **Dupuy.** — Inventaire abrégé de la collection Dupuy (par Léopold Delisle).

Dans le *Cabinet historique*, 1882, t. Ier, p. 527-555.

958 numéros. — Pièces juridiques, littéraires et historiques qui ont formé cette célèbre collection dont la Bibliothèque du roi s'enrichit en 1754.

286. **Clairambault.** — Inventaire des sceaux de la collection Clairambault à la Bibliothèque Nationale, par G. Demay, chef de la section histo-

rique aux Archives nationales... T. I et II. — *Paris, Impr. nationale*, 1885-86, 2 vol. in-4° de II-700 et 667 p.

Troisième série — archéologie — de la *Collection de documents inédits sur l'histoire de France* publiée par le ministère de l'instruction publique.

La collection des titres scellés de Clairambault, dont les premiers actes datent de 1280, comprend 227 vol. formant trois groupes principaux : la guerre de Cent ans, et particulièrement l'occupation de la Normandie par les Anglais ; les compagnies d'ordonnance. — L'inventaire est fait suivant l'ordre alphabétique. — 9709 numéros.

(Voy. aussi n° 102.)

287. **Clairambault.** — Bibliothèque Nationale. Département des estampes. Inventaire des pièces dessinées ou gravées relatives à l'histoire de France, conservées au département des manuscrits dans la collection Clairambault sur l'ordre du Saint-Esprit, rédigé par M. A. Flandrin, sous-bibliothécaire au département des estampes. — *Paris, Hachette et Cie*, 1887, in-8° de VI-575 p.

5,060 articles compris dans les 129 volumes qui composent le fonds dit du « Saint-Esprit » dans la collection Clairambault. — N° 1111 au n° 1239 de la collection.

(Voy. aussi n° 103.)

288. **La Tremoïlle.** — Bibliothèque Nationale. Catalogue des manuscrits du fonds de la Trémoïlle, par Léopold Delisle... — *Paris, H. Champion*, 1889, in-8° de 51 p.

Le fonds de La Trémoïlle se compose de 49 mss. tous précieux à différents titres.

288 *bis*. **Omont** (Henri). — Les manuscrits et les livres annotés de Fabri de Peiresc, par Henri Omont. — *Toulouse, éd. Privat*, 1889, in-8° de 27 p.

[8° Q. Pièce. 692

Extrait des *Annales du Midi*. T. I (1889).

Une partie des mss. de la Bibliothèque de Peiresc a été achetée pour le cabinet de Mazarin par Gabriel Naudé, vers 1647. En 1668, ces volumes entraient dans la Bibliothèque du roi avec les autres mss. du cardinal.

Voy. aussi *Un grand amateur français du dix-septième siècle, Fabri de Peiresc*, dans les *Annales du Midi*, t. I, p. 16-34, et tirage à part de 34 p. de M. Delisle.

289. **Renaudot.** — Inventaire sommaire des manuscrits de la collection Renaudot, par H. Omont. — *Paris*, 1890, in-8°.

(Voy. n° 182.)

290. **Moreau.** — Bibliothèque Nationale. Inventaire des manuscrits de la collection Moreau, par H. Omont, bibliothécaire au Département des Manuscrits de la Bibliothèque Nationale. — *Paris, A. Picard,* 1891, in-8° de XIV-282 p.

« La collection Moreau, l'une des plus nombreuses parmi les collections diverses annexées au fonds des mss. français de la Biblioth. Nat. (Voy. partie histor. *Dépôt de Législation,* n°s 93-97), compte 1,834 vol. Elle est formée presque exclusivement de documents relatifs à l'histoire et à la littérature anciennes de la France, recueillis, pendant la seconde moitié du XVIIIe siècle, dans les différentes archives de la France, des Pays-Bas, en Allemagne, en Suisse, en Angleterre et en Italie. »

291. ***Parlement.*** — Inventaire sommaire de la Collection du Parlement, conservée à la Bibliothèque nationale, par H. Omont. — *Paris, Larose et Forcel,* 1891, in-8° de 39 p.

Extrait de la *Nouvelle Revue historique du droit français et étranger.*

Cette collection de copies ou d'extraits des registres du Parlement se compose de quatre fonds différents, représentant ensemble 696 vol. Le plus considérable a été formé par les présidents de Lamoignon.

292. **Visconti.** — Inventaire sommaire de la collection Visconti... par H. Omont. — *Paris,* 1891, in-8°.

(Voy. n° 187.)

FONDS ORIENTAUX.

293. **Fourmont** (Étienne). — Catalogus librorum Bibliothecæ regiæ Sinicorum, p. 345-505 du Linguæ Sinarum mandarinicæ hieroglyphicæ grammatica duplex,... author Stephanus Fourmont, arabicæ linguæ in regio Francorum collegio professor... — *Lutetiæ Parisiorum, chez H.-L. Guérin,* 1742, in-fol. de XL-IV-516 p.

Livres chinois — japonais — tartares.

Voy. aussi partie historique, n° 186 : Abel-Rémusat, *Mémoire sur les livres chinois de la Bibliothèque du roi... avec des remarques critiques sur le catalogue publié par E. Fourmont, en 1742.*

294. **Langlès** (L.). — Notice des ouvrages élémentaires manuscrits sur la langue chinoise, que possède la Bibliothèque Nationale, par L. Langlès, conservateur des manuscrits orientaux. — (*S. l. n. d.,*) in-8° de 13 p.

[Inv. Q. 7444

295. **Hamilton** (Alexandre) et **Langlès** (L.). — Catalogue des manuscrits sanscrits de la Bibliothèque Impériale, avec des notices du contenu de la plupart des ouvrages, etc., par MM. Alexandre Hamilton, membre de la Société asiatique de Calcutta,... et L. Langlès, membre de l'Institut de France, conservateur des manuscrits orientaux de la Bibliothèque Impériale, etc.— *Paris, Imp. bibliographique*, 1807, in-8° de 118 p.

296. **Platt** (Thomas Pell). — A catalogue of Ethiopic biblical manuscripts in the Royal Library of Paris... with remarks and extracts. To which are added specimens of versions of the New Testament into the modern languages of Abyssinia : and a grammatical analysis of a chapter in the Amharic dialect ; with fac-similes of an ethiopic and an amharic manuscript, by Thomas Pell Platt, B. A. fellow of Trinity college, Cambridge.— *London, printed by Richard Watts,* 1823, in-4° de 85 p. [Inv. Q. 4°. 1830

297. **Zotenberg** (H.). — Manuscrits orientaux. Catalogue des manuscrits éthiopiens (Gheez et Amharique) de la Bibliothèque Nationale. — *Impr. nationale,* 1877, in-4° de v-285 p. [8° Q. 164

298. **Burnouf.** — Catalogue des livres... composant la bibliothèque de M. E. Burnouf. — *Paris,* 1854, in-8°.

(Voy. n° 191.)

299. **Zotenberg.** — Manuscrits orientaux. Catalogue des manuscrits hébreux et samaritains de la Bibliothèque impériale. — (*Paris,*) *Imp. nationale,* 1866, in-4° de VIII-260 p.

Fonds hébreu : 1,313 numéros. — Fonds samaritain : 11 numéros.

300. **Zotenberg.** — Catalogue des manuscrits syriaques et sabéens (mandaïtes) de la Bibliothèque Nationale. — *Imp. nationale,* 1874, in-8° de VIII-246 p.

Fonds syriaque : n°s 1-288. — Fonds sabéen : n°s 1-19.

301. **Hennecart.** — La collection Hennecart de la Bibliothèque Nationale, par M. L. Feer. Traductions et autres travaux du Dr A. Hennecart. — *Paris, Imp. Nationale,* 1877, in-8° de 74 p.

Extrait du *Journal asiatique,* année 1877, n° 5.

I. Manuscrits sur feuilles de palmier. — II. Manuscrits sur papier.

302. **Feer** (Léon). — List of Pali Mss. in the Bibliothèque Nationale, Paris,

by Léon Feer — dans Journal of the Pali text Society, 1882, edited by T. W. Rhys Davids. — *London, H. Frowde*, 1882, in-8° de 128 p.

La liste des manuscrits figure sous les pages 32-37 de ce volume.

303. **Riant** (Comte). — Inventaire sommaire des manuscrits relatifs à l'histoire et à la géographie de l'Orient latin. I. France. — II. Paris. — *Gênes, imp. de l'Institut royal des sourds-muets*, 1882, gr. in-8° de 81 p.

Extrait des *Archives de l'Orient latin*, t. II, 1882, p. 131-204.
Bibliothèque nationale, p. 7-53.

303 *bis*. **Riant** (Comte). — Dépouillement des tomes XXI-XXII de l'*Orbis christianus* de Henri de Suarez, par le comte Riant. — *Gênes*, 1881, gr. in-8° de 33 p.

Extrait du tome I des *Archives de l'Orient latin*, p. 257-287. — Les trois vol. dépouillés dans ce travail, n°s 8983-8985 du fonds latin, se rapportaient aux patriarcats de Constantinople et de Jérusalem.

304. **Slane** (Baron de). — Catalogue des manuscrits arabes de la Bibliothèque Nationale, par M. le baron de Slane, membre de l'Institut. — *Imp. nationale*, 1883-1889, in-4° de 336 et 320 p.

1,868 numéros et 2,188 numéros. — A. Ouvrages chrétiens. — B. Ouvrages musulmans. — Cette publication est interrompue.

305. **Croizier** (Marquis de). — Notice des manuscrits siamois de la Bibliothèque Nationale, par le marquis de Croizier, président de la Société académique indo-chinoise de France. — *Paris, Challamel aîné et E. Leroux*, 1885, in-8° de 84 p. 8° Q. 1275

Mss. du fonds siamois. — Annexe du fonds siamois : Mss. en langue Karieng, n°s 61-62.

306. **Amelineau**. — Catalogue des manuscrits coptes (en préparation).

Cabinet des Titres (1720-1851).

307. **Hozier** (d'). — Indicateur du grand armorial général de France, recueil officiel dressé en vertu de l'édit de 1696, par Charles d'Hozier, juge d'armes... publié sous la direction de M. Louis Paris... — *Paris, Bachelin-Deflorenne*, 1865, 2 vol. in-8° de VIII-285 et 327 p.

Charles d'Hozier tenait déjà de son père, Pierre d'Hozier, un cabinet important, lorsque chargé, en 1686, de certifier la noblesse des demoiselles de Saint-Cyr, choisi par Louis XIV, en 1696, pour la garde de l'armorial général du royaume, il eut ainsi l'occasion de consulter et de recueillir des documents officiels sur beaucoup d'anciennes familles. — Il donna son cabinet au roi en 1717, moyennant une somme de 2,000 livres et deux pensions viagères montant à 4,000 livres.

Le cabinet de Charles d'Hozier comprenait :

1° 160 grands porte-feuilles, remplis de pièces généalogiques classées alphabétiquement ; — 2° Environ 75 vol. de documents généalogiques; — 3° Divers paquets de titres originaux; 4° Un double exemplaire de l'Armorial général dressé en exécution de l'édit de 1696; — 5° Des portefeuilles remplis de mémoires et de lettres adressées à Pierre d'Hozier; — 6° Environ 875 vol. imprimés.

Clairambault, chargé de dresser l'inventaire de la collection d'Hozier, termina son travail le 16 février 1720. Aux pièces de d'Hozier, il joignit un certain nombre de généalogies tirées du cabinet de Gaignières. — Ce fut l'origine du Cabinet des titres.

308. **Hozier** (d'). — Indicateur nobiliaire ou table alphabétique des noms des familles nobles, susceptibles d'être enregistrées dans l'Armorial général de feu M. d'Hozier, dont une nouvelle édition est sous presse à l'Imprimerie royale. — *Paris, imp. de Doublet,* 1818, in-8° de 264 p.

309. **Paris** (Louis). — Indicateur du grand Armorial général de France, recueil officiel dressé en vertu de l'édit de 1696 (34 volumes de texte et 35 volumes d'armoiries) par Charles d'Hozier, juge d'armes, ou Table alphabétique de tous les noms des personnes, villes, communautés et corporations dont les armoiries ont été portées, peintes et blasonnées aux registres inédits dont se compose l'Armorial général de France, conservé au Cabinet des titres, à la Bibliothèque impériale de Paris, avec l'indication des provinces où les familles ont fait officiellement reconnaître leurs blasons, publié sous la direction de M. Louis Paris.

On y a joint une table générale des généalogies comprises dans le *Grand Armorial de France,* imprimé en 1738, par MM. d'Hozier, et publié en 10 volumes in-folio, ainsi qu'une liste des familles qui ne se trouvent mentionnées que dans l'*Indicateur nobiliaire* de d'Hozier, comme pouvant être enregistrées dans une réimpression de l'*Armorial général.* — *Paris, Bachelin-Deflorenne,* 1865, 2 vol. in-8° de VIII-285 et 327 p.

310. **Paris** (L.). — Table de l'Armorial général de France. — (*S. l. n. d.,*) in-8° de 299 p.

Dans le *Cabinet historique,* neuvième année, avril 1863.

311. **Robert** (Ulysse). — Indicateur des armoiries des villes, bourgs, villages, monastères, communautés, corporations, etc., contenus dans l'Armorial général de d'Hozier, par Ulysse Robert, ancien élève de l'École des chartes.... — *Paris, A. Picard,* 1879, in-8° de II-190 p.

Alsace. — Auvergne. — Béarn. — Bourbonnais. — Bourges. — Bourgogne. — Bretagne. — Champagne. — Dauphiné. — Flandre. — Guyenne. — Languedoc. — Limousin. — Lorraine. — Lyonnais. — Normandie. — Orléanais. — Paris. — Picardie. — Poitou. — Provence. — Rochelle (La). — Soissons. — Tours. — Versailles.

312. **Robert** (Ulysse). — Inventaire sommaire des nouvelles collections de titres originaux de la Bibliothèque nationale, par Ulysse Robert.

Extrait du *Cabinet historique,* t. XXIII, II, p. 1-100.

Mss. fr., 25697-26184. — Une partie du cabinet de d'Hozier était entrée à la Bibliothèque du roi en 1717. L'occasion d'un nouvel enrichissement pour le Cabinet des titres s'offrit en 1851. — La Bibliothèque impériale acheta le cabinet d'Ambroise-Louis-Marie d'Hozier comprenant 136 volumes, 165 cartons de preuves et 200 paquets d'extraits de titres connus sous le nom de *Carrés de d'Hozier.*

Les collections du cabinet des titres sont composées ainsi :

1° Volumes reliés; — 2° Pièces originales; — 3° Chérin; — 4° Carrés de d'Hozier; — 5° Dossiers bleus; — 6° Dossiers du nouveau d'Hozier; 7° Dossiers du cabinet de d'Hozier. — Les dossiers de ces trois dernières séries ne sont, aux termes du règlement, communiqués qu'aux familles intéressées ou à leurs fondés de pouvoir.

III. — Département des Imprimés.

313. **Foisy** (F.-M.). — Bibliothèque royale. Département des Imprimés. Travaux du Catalogue. A Messieurs Letronne, directeur, van Praet, Magnin, conservateurs (Paris, 5-6 février 1835). — *(Paris), imp. de Bourgogne et Martinet, (s. d.),* in-8° de 16 p. [Inv. Réserve. Q. 794

Exposé d'un projet de refonte des anciens catalogues de la Bibliothèque et de nouveaux procédés à suivre pour la confection de nouveaux inventaires.

314. **Ternaux-Compans.** — Lettre à M. le Ministre de l'instruction publique sur l'état actuel des bibliothèques publiques de Paris, par H. Ternaux-Compans. — *Paris, Delaunay,* 1837, in-8° de 31 p. [Inv. Q. 6540

Bibliothèque royale, p. 18. L'auteur s'occupe de la question du catalogue.

315. **Albert** (J.-F.-M.). — Recherches sur les principes fondamentaux de la classification bibliographique précédées de quelques mots sur la bibliographie, d'un exposé des principaux systèmes bibliographiques, et suivies d'une application de ces principes au classement des livres de la Bibliothèque Royale, par J. F. M. Albert. — *Paris, l'Auteur, imp. P. Renouard,* 1847, in-8° de VI-63 p. [Inv. Réserve. Q. 818

316. (**Gonod**). — Note sur le classement des imprimés, la rédaction et la publication du Catalogue général de la Bibliothèque royale. — *Paris, Porquet; Clermont, imp. de Thibaud-Landriot frères,* 1847, in-8° de 19 p.

Une seconde édition, publiée la même année aux mêmes adresses, porte le nom de l'auteur, B. Gonod, bibliothécaire de la ville de Clermond-Ferrand. — Sur le titre de cette deuxième édition, on lit comme épigraphe : « La rédaction et la publication du catalogue de la Bibliothèque royale peuvent s'exécuter en moins de cinq ans, sans charge pour l'État. » (Note de Barbier.)

3e édition. — Paris, juillet 1847.

317. **Merlin** (R.). — Réflexions impartiales sur le catalogue des livres imprimés de la Bibliothèque Royale, par R. Merlin, conservateur du dépôt de la librairie,... — *Paris, imp. de Bouchard-Huzard,* 1847, in-8° de 32 p. [Inv. Q. 7467

En tête : *Indication des écrits publiés à l'occasion du rapport du 20 février 1847.* — Notes justificatives.

318. **Naudet.** — Ministère de l'Instruction Publique. Bibliothèque Royale. Rapport adressé à M. le Ministre de l'Instruction Publique par M. Naudet, Dr de la Bibl. roy., sur la situation du catalogue du département des imprimés de cet établissement. (Paris, le 20 février 1847. Signé : Naudet). — (*Paris*), *imp. d'E. Duverger,* (*s. d.,*) in-8° de 16 p. [Inv. Q. 7461

Réimpression. — Suit une *note explicative* sur l'administration de la Bibl. roy. (Signé : Naudet.)

319. **Paris** (Paulin). — De la Bibliothèque Royale et de la nécessité de commencer, achever et publier le Catalogue général des livres imprimés, par M. Paulin Paris,... conservr adjoint au département des Mss. de la Bibl. royale. — *Paris, Techener,* 1847, in-8° de 58 p. [Inv. Q. 7463

Le faux titre porte : De la Bibliothèque Royale et du Catalogue général des livres imprimés. — Préface du 10 avril 1847.

2e Édition dans laquelle on a complété le plan de classification bibliographique, et répondu à quelques objections. — Le titre de cette 2e éd.

porte : *De la nécessité de commencer, achever et publier le Catalogue général des livres imprimés* (21 juin 1847). — Paris, Techener, 1847, in-8° de 63 p. [Inv. Réserve. Q. 820

320. **Pautet du Rozier** (J.). — Rapport... sur la rédaction du catalogue. [Inv. Réserve. Q. 814

Voy. n° 142.

321. **Techener** (J.). — Considérations sérieuses à propos de diverses publications récentes sur la Bibliothèque royale, suivies du seul plan possible pour en faire le catalogue en trois ans.

(Voy. n° 144.)

322-323. (**Hélyon de Saint-Charles**). — Lettre à M. Paul Lacroix sur le prêt des livres et le catalogue de la Bibliothèque du Roi. (Signé : Hélyon de Saint-Charles.) [F. Grille]. (A Codexopolis, le 30 juillet 1847.) — *Typogr. F. Malteste et Cie*, 1847, in-8° de 8 p.

324. **Lacroix** (Paul). — Les Cent et Une lettres bibliographiques à M. l'Administrateur général de la Bibliothèque Nationale, par M. Paul Lacroix (Bibliophile Jacob), membre de la commission des monuments historiques... — *Paris, Paulin*, 1849, in-8° de 156 p. [Inventaire. Q. 7473

4 livr. en 2 vol.

46 lettres datées du 23 décembre 1848 au 29 janvier 1850 et distribuées en quatre séries, adressées par le Bibliophile Jacob à M. Naudet.

La plupart des volumes restitués par P. Lacroix à la Bibliothèque nationale et qui font l'objet des lettres adressées par lui à M. Naudet, provenaient de prêts faits par Van Praet à M. Ménager, député sous la Restauration, qui était mort sans les avoir rendus. (Voy. n° 566.)

325. **Beugnot** (M.). — Rapport au nom de la sous-commission chargée d'examiner l'état des catalogues du département des imprimés et de la collection géographique de la Bibliothèque Nationale, par M. Beugnot, membre de l'Assemblée nationale. — *Paris, Impr. nationale*, janvier 1851, in-4° de 40 p. [Q. 416

326. **Magnin** (Ch.).— Note en réponse à une des questions posées par les Membres de la Commission chargée de l'examen du Catalogue de la Bibliothèque Nationale (17 mars 1851). — *Paris, Lith. de la Bibliothèque Nationale, Palis*, (*s. d.*,) in-fol. de 6 p. autogr. [Inv. Réserve. Q. 120

Cette question était : *Quelles ont été les causes du retard qu'ont éprouvé les travaux du Catalogue?*

327. **Dubois.** — Ministère de l'Instruction Publique et des Cultes. Rapport adressé à Monsieur le Ministre de l'Instruction Publique et des Cultes, par M. Dubois, secrétaire perpétuel de l'Académie impériale de médecine, sur le classement des livres de médecine, de chirurgie et de pharmacie de la Bibliothèque Impériale. Paris, le 15 avril 1855. — *Paris, P. Dupont, (s. d.)*, in-4° de 8 p. [Inv. Réserve. Q. 430

Première partie : Livres d'anatomie, de physiologie et d'hygiène.

328. **Franklin** (Alfred). — La Bibliothèque Impériale, son organisation, son catalogue, par un bibliophile. — *Paris, A. Aubry*, 1861, in-8° de 40 p. [Q. 7483

Par Alfred Franklin d'apr. Barbier.

Où l'auteur se propose de prouver que l'inventaire général de la Bibliothèque pourrait être achevé en moins de dix-huit mois, et avec une dépense nette de 300,000 fr.

329. (**Delisle**).— État des catalogues du département des imprimés de la Bibliothèque Nationale. (Novembre 1875. Signé : L. Delisle.) — *Imp. nationale*, novembre 1875, in-4° de 16 p. [Arch. de la Biblioth. nat.

330. (**Delisle**). — Rapport au Ministre de l'Instruction publique et des Beaux-Arts sur les travaux d'inventaire et de catalogue de la Bibliothèque Nationale. (Novembre 1875. Signé : L. Delisle.) — *Paris, imp. de P. Dupont*, 1876, in-4° de 35 p. [Arch. de la Biblioth. nat.

331. **Delisle** (L.). — Bibliothèque Nationale. Donation de M. Paul-Émile Giraud. Développement d'un rapport de M. L. Delisle, inséré au *Journal Officiel* du 13 septembre 1881. — *Paris, (imp. Daupeley-Gouverneur à Nogent-le-Rotrou)*, novembre 1881, in-8° de 19 p. [8° Q. Pièce. 215

(Extrait de la *Biblioth. de l'École des Chartes*, t. XLII, 1881.)

Contient la liste de 43 vol. relatifs à l'histoire du Dauphiné qui manquaient à la Bibliothèque Nationale.

332. **Delisle** (Léopold). — Bibliothèque Nationale. Rapport sur les collections du département des Imprimés, par Léopold Delisle, membre de l'Institut, Adr général de la Bibl. nat. (3 juin 1885). — *Paris, H. Champion*, 1885, in-8° de 39 p. [8° Q. Pièce. 448

(Extrait du *Bulletin des Bibliothèques*, 1885, n° 4.)

Statistique du nombre croissant des lecteurs fréquentant les salles de travail du département des Imprimés de la Bibl. nat. et des volumes communiqués. — Ordre de classement des vol. — Estimation approximative de leur nombre et de la surface qu'ils occupent à la Bibliothèque.

332 *bis.* **Delisle** (Léopold). — Notes sur le département des imprimés de la Bibliothèque nationale (septembre 1891), par Léopold Delisle,... — *Paris, H. Champion,* 1891, in-8° de 61 p.

Extrait de la *Bibliothèque de l'École des Chartes,* 1891, t. LII.

CATALOGUES

CATALOGUES D'HISTOIRE.

333. ***Bibliothèque Impériale.*** — Département des Imprimés. Catalogue de l'histoire de France, publié par ordre de l'empereur, t. I-XI. — *Paris, F. Didot,* 1855-79, 11 vol. in-4° de XXIV-637, 781, 811, 707, 807, 817, 819, 759, 799, 779 et 747 p. — On y a joint une table alphabétique des noms d'auteurs, dont les 624 premières pages, allant jusqu'au nom *Poisson*, sont tirées et livrées au service.

334. ***Bibliothèque Nationale.*** — Département des Imprimés. Catalogue de l'histoire de France. Biographies (Ln et Ln). Supplément. — *Paris,* 1884, in-4° de 953 p. autographiées.

335. ***Bibliothèque Nationale.*** — Département des Imprimés. Catalogue de l'histoire de France. Histoire locale (LK.). Supplément. — *Paris,* 1880, in-4° de 733 p. autographiées.

336. ***Bibliothèque Nationale.*** — Département des Imprimés. Catalogue de l'histoire de France. Mœurs et archéologie (Li et Lj.). Supplément. — *Paris,* 1885, in-4° de 273 p. autographiées.

337. ***Bibliothèque Nationale.*** — Catalogue de l'histoire de la Grande-Bretagne (N.). — *Paris,* 1878, in-4° de 681 p. autographiées.

338. ***Bibliothèque Nationale.*** — Département des Imprimés. Catalogue de l'histoire d'Espagne et de Portugal (O.). — *Paris,* 1883, in-4° de 507 et 126 p. autographiées.

339. ***Inventaire alphabétique*** de l'histoire générale (G.). — (*S. l. n. d.,*) 5 vol. in-4° de 399, 414, 463, 483, 458 p. autographiées.

340. ***Inventaire alphabétique*** de l'histoire générale (G.). Anonymes. — (*S. l. n. d.*), 2 vol. in-4° de 498 et 464 p. autographiées.

341. ***Inventaire alphabétique*** de l'histoire d'Italie (K.). — (*S. l. n. d.*), 3 vol. in-4° de 421, 325 et 316 p. autographiées.

342. ***Inventaire alphabétique*** de l'histoire d'Italie (K.). Anonymes. — (*S. l. n. d.*), 2 vol. in-4° de 361 et 359 p. autographiées.

342 *bis*. ***Catalogue*** méthodique de la division de l'histoire d'Asie.

(Les 328 premières pages in-quarto, contenant environ 3000 articles, sont autographiées.)

343. **Bourmont** (Comte de). — Index processuum authenticorum beatificationis et canonizationis qui asservantur in Bibliotheca nationali Parisiensi, confecit et edidit Amedeus comes de Bourmont. — *Bruxellis, typ. Polleunis,* 1886, in-8° de 19 p.

Excerptum ex *Analectis Bollandianis,* t. V (1886).

Catalogues Divers.

344. ***Catalogue*** des livres imprimés de la Bibliothèque du Roy. — *Paris, Imp. royale,* 1739-53, 7 vol. in-fol. de LXXXII (IV ff.)-405 et 106, VIII-501, VIII-258 et 141, XVI-604, VIII-208 et 326, VIII-4-327-98 et 113 p. [Inv. Q. 351-357

Ce catalogue, destiné à remplacer celui de Clément (1684-1714), n'a pas été achevé. Il ne se compose que de trois séries. Théologie. — Jurisprudence et Belles-Lettres, séries comprises dans les lettres A. B. C. D. D². E. E*. F. X. Y. Y². Z.

345. **Van Praet**. — Catalogue des livres imprimés sur vélin de la Bibliothèque Impériale. — *Paris,* 1805, in-fol. [Inv. Réserve. Q. 64-66

Les cotes 64 et 65 ne contiennent que quelques pages d'épreuves d'imprimerie, avec les corrections en marge. — Le n° 66, exemplaire de tirage, ne se compose que de 21 p. avec le titre définitif : « Essai d'un catalogue des livres imprimés sur vélin. »

346. **Van Praet**. — Catalogue des livres imprimés sur vélin avec date, depuis 1457 jusqu'en 1472. — *Paris, de Bure frères,* 1813, 2 part. en 1 vol. gr. in-fol. de 544 p., non compris les titres ni les pages (1 à 26) placées entre les p. 20 et 21. [Inv. Réserve. Q. 62-63

« Cet ouvrage précieux a été imprimé aux frais de l'auteur, qui l'ayant commencé sur un plan trop vaste, s'est vu forcé de le laisser inachevé et n'a pas cru devoir le publier. L'édition entière en a donc été détruite, à l'exception de deux exempl. impr. sur vélin, et de sept autres impr. sur papier, y compris celui de l'imprimeur. L'un des exempl. sur vélin appartient à la Bibliothèque impériale...»

(Voy. sur l'histoire de cette publication la note très intéressante de Brunet V, 1078.)

347. (**Van Praet**). — Catalogue des livres imprimés sur vélin de la Bibliothèque du Roi, t. I-V, et un supplément. — *Paris, de Bure*, 1822-28, 5 vol. in-8° de XI-IV-348, III-84, VIII-332, III-380 et 223 p. [Inv. Q. 7446-7450

T. I. — Théologie, nos 1-475. — II. — Jurisprudence, nos 1-178. — III. — Sciences et arts, nos 1-120. — IV. — Belles-lettres, nos 1-494. — V. — Histoire, nos 1-198. — Table alphabétique : 1° des noms d'auteurs; 2° des ouvrages anonymes.

Table chronologique des éditeurs du XVe siècle. — Table alphabétique : 1° des noms de villes; 2° des imprimeurs et libraires; 3° des personnes auxquelles les ouvrages sont dédiés; 4° des bibliothèques citées; 5° des auteurs et des ouvrages cités.

T. VI. — Supplément et table du supplément.

Il y a encore une autre éd. en 4 vol. gr. in-8°, 1824-28, tirée à 200 exempl. [Inv. Q. 7451-7454

348. ***Inventaire alphabétique*** des livres imprimés sur vélin de la Bibliothèque Nationale. Complément du catalogue publié par Van Praet. — *Paris, H. Champion*, 1877, in-8° de 174 p. [8° Q. 181

A la fin de chacune des notices est inscrite la cote du volume dans la série des vélins, ainsi qu'un renvoi aux descriptions de Van Praet.

349. ***Bibliothèque Impériale.*** — Département des Imprimés. Catalogue des sciences médicales, publié par ordre de l'Empereur (T.). — ***Paris, F. Didot***, 1857-89, 3 vol. in-4° de IV-795, 779 et 283 p.

350. ***Bibliothèque Impériale.*** — Département des Imprimés. Liste des ouvrages mis à la libre disposition du public dans la salle de travail. — ***Paris***, *imp. Ad. Lainé*, 1869, in-8° de 13 p. [Inv. Réserve. Q. 859

Contient aussi la liste des journaux et recueils périodiques.

351. ***Bulletin mensuel*** des publications étrangères reçues par le Département des Imprimés de la Bibliothèque Nationale (novembre 1874). — *Paris, C. Klincksieck*, 1874, in-8°.

Cette publication périodique se continue. A la fin de l'année, elle forme un volume qui est mis à la disposition des lecteurs dans la salle de travail. (Voy. aussi n° 358.)

352. ***Bibliothèque nationale.*** — Département des Imprimés. Cadre de classement de la table méthodique du « Bulletin mensuel des publications étrangères reçues par le Département des Imprimés de la Bibliothèque nationale » (novembre 1879). — *Paris, typ. P. Schmidt, (s. d.)*, in-8° de 12 p.

Aujourd'hui, les publications étrangères sont traitées comme les publications françaises (voy. n° 358).

353. ***Bibliothèque Nationale.*** — Département des Imprimés. Notice des objets exposés. — *Paris, H. Champion*, 1878, in-12 de 130 p. [8° Q. 292

354. ***Exposition*** des récentes acquisitions de la Bibliothèque Nationale (1879). — *Impr. Gouverneur, G. Daupeley, à Nogent-le-Rotrou, (s. d.)*, in-8° de 4 p. [8° Q. Pièce. 176

355. ***Bibliothèque Nationale.*** — Département des Imprimés. Catalogue alphabétique des ouvrages mis à la disposition des lecteurs admis dans la salle de travail, précédé d'un avertissement, suivi du règlement officiel et accompagné d'un plan de la salle. — *Paris, H. Champion*, 1879, in-8° de xx-257 p. [8° Q. 366

A la fin : 1° Catalogues de la Bibliothèque Nationale mis à la disposition des lecteurs dans la salle de travail. — 2° Liste des publications périodiques dont la dernière livraison reçue est à la disposition des lecteurs sur la table des périodiques. — 3° Extrait du règlement ministériel du 5 mai 1868.

2e édition en 1886, de xxiv-127 p. — Ne contient pas l'extrait du règlement ministériel du 5 mai 1868.

356. ***Liste des périodiques étrangers*** reçus par le Département des Imprimés de la Bibliothèque Nationale. — *Paris, C. Klincksieck*, 1882, in-8° de 28 p.

357. ***Liste des périodiques étrangers*** reçus par le Département des Imprimés de la Bibliothèque Nationale. Supplément, 1882-1885. — *Paris, C. Klincksieck*, 1886, in-8° de 15 p.

358. ***Bibliothèque Nationale.*** — Bulletin mensuel des récentes publications françaises, avec un appendice contenant l'indication des cartes géographiques et des livres anciens nouvellement entrés au Département des Imprimés (janvier 1882). — *Paris, H. Champion*, 1882, in-8°.

Cette publication périodique se continue. A la fin de l'année, elle forme un volume qui est mis à la disposition des lecteurs dans la salle de travail. — Une table des matières est composée de fiches réunies dans des reliures mobiles et tenue constamment à jour. — Elle est formée des découpures des titres d'ouvrages imprimés dans le *Bulletin mensuel des publications françaises,* publié par la Bibliothèque Nationale. Ces découpures, collées sur fiches, sont rangées au mot typique du titre de l'ouvrage, de façon à former une table méthodique des matières. — Une *Table des auteurs et des anonymes* est dressée dans les mêmes conditions. — Les noms d'auteurs sont rangés par ordre alphabétique. — Les ouvrages anonymes sont classés au premier mot du titre. — Depuis quelques années on a augmenté ces tables des récentes publications étrangères. Elles sont traitées de la même façon que les publications françaises.

359. ***Catalogue*** des dissertations et écrits académiques provenant des échanges avec les universités étrangères et reçus par la Bibliothèque Nationale en 1882. — *Paris, C. Klincksieck,* 1884, in-8° de 100 p. [8° Q. 777

Cette publication périodique se continue. Ont paru les années 1883, 1884, 1885, 1886-87, 1888, 1889 et 1890.

Les publications sont groupées par universités, dans l'ordre alphabétique des noms des villes, sièges de ces établissements.

360. ***Catalogue*** d'une collection de thèses publiées dans les Pays-Bas, donnée à la Bibliothèque Nationale par le service des échanges internationaux au ministère de l'instruction publique (Direction du secrétariat, 3e bureau), t. I et II. — *Paris, C. Klincksieck,* 1884-85, in-8° de 69 et 49 p. [8° Q. 884

I. — Droit. — II. — Théologie. — Philosophie. — Sciences mathématiques et naturelles. — Médecine.

361. **Delisle** (L.). — Bibliothèque Nationale. Notice des objets exposés dans la salle du Parnasse français à l'occasion du second centenaire de la mort de Pierre Corneille, octobre 1884. (Signé : L. D.). — *Paris, typ. Chamerot,* 1884, in-8° de 55 p. [8° Q. 886

232 articles comprenant : 1° Éditions originales des pièces de théâtre de Corneille. — 2° Pièces de théâtre auxquelles Corneille a collaboré. — 3° Ouvrages de piété. — 4° Ouvrages divers de Corneille publiés à part. — 5° Pièces diverses concernant le *Cid.* — 6° Principales éditions collectives des œuvres de Corneille publiées au XVIIe et au XVIIIe siècle. — 7° Pièces et documents sur Corneille. — 8° Portraits. — 9° Médailles.

362-363. ***Bibliothèque Nationale.*** — Département des Imprimés. Liste des ouvrages communiqués dans la salle publique de lecture. — *Lille, impr. Danel,* 1887, in-8° de 376 p. [8° Q. 1226

Liste par ordre alphabétique de noms d'auteurs.

364. **Thierry-Poux** (O.). — Ministère de l'Instruction publique et des Beaux-Arts. Premiers monuments de l'imprimerie en France au xve siècle, publiés par O. Thierry-Poux, conservateur du Département des Imprimés à la Bibliothèque Nationale. — *Paris, Hachette et Cie*, 1890, in-fol. de III-24 p. et 40 planches en héliogravure. [f° Q. 88

167 n[os]. – Concordance des numéros des fac-similés avec les numéros des articles du texte. — Cet ouvrage n'est que le catalogue détaillé d'une partie de la précieuse collection de volumes datant des origines de l'imprimerie, que possède la Bibliothèque Nationale.

365. **Corda** (A.). — Bibliothèque Nationale. Département des Imprimés. Catalogue des factums et d'autres documents judiciaires antérieurs à 1790, par A. Corda, sous-bibliothécaire à la Bibliothèque Nationale. Tome I. Abadie-Cyvadat. — *Paris, E. Plon*, 1890, in-8° de XI-567 p. [8° Q. 1609

4313 n[os]. La collection connue à la Bibliothèque Nationale sous le nom de *Collection des factums*, et dont la partie antérieure à 1790 fait seule l'objet du présent catalogue, forme un ensemble d'environ 57,000 articles.

366. ***Bibliothèque Nationale.*** — Annexe au *Bulletin mensuel* de l'année 1890. Livres venus du palais de Compiègne. — *Nogent-le-Rotrou, imp. Daupeley-Gouverneur*, (1891,) in-8° de 67 p.

366 *bis*. ***Bibliographie de la Russie.*** — Au moment de mettre sous presse, on nous signale l'apparition du 1er fascicule de cet ouvrage. La *Bibliographie de la Russie* (Rouveyre, éditeur), rédigée par E.-A. Garnier, ancien secrétaire du consulat général de France à Londres, est publiée par un russe M. Th. Sabachnikoff; elle contient, dans un ordre méthodique et chronologique, le répertoire des ouvrages en langue française relatifs à l'empire de toutes les Russies et qui se trouvent à la Bibliothèque nationale, avec indication du numéro d'ordre de classement.

Le 1er fascicule de la *Bibliographie de la Russie* ne contient qu'une partie de l'histoire. L'ouvrage complet contiendra 6,000 articles sur tous les sujets russes : histoire, sciences et arts, théâtre, romans, etc.

Collections particulières.

367. **La Bédoyère** (M. le comte H. de). — Description historique et bibliographique de la collection de feu M. le comte H. de La Bédoyère,... ancien officier supérieur des gardes du corps des rois Louis XVIII et Charles X,... membre de la Société des bibliophiles français, sur la Révolu-

tion française, l'Empire et la Restauration, rédigée par France. (Paris, le 10 novembre 1862.) — *Paris, France,* 1862, in-8° de XVI-687 p.

Catalogue de 3,129 numéros.

Cette collection, acquise par la Bibliothèque en 1863, se compose de : Journaux. — Brochures historiques. — Pamphlets. — Satires et facéties. — Placards-affiches gr. in-fol. — Gravures historiques. — Portraits et caricatures. — Assignats et autographes. Le tout publié de 1787 à 1829, mais plus particulièrement de 1789 à 1800. Elle comprend : Brochures, plus de 100,000; journaux, environ 2,000; gravures et caricatures, plus de 4,000; 85 dossiers d'autographes. Le tout formant plus de 15,500 volumes ou cartons de tous formats.

Ces volumes n'existent plus à l'état de collection particulière à la Biblioth. nat. Ils ont été disséminés dans les différents fonds.

368. **Payen** (Dr J.-F.). — Inventaire de la collection des ouvrages et documents sur Michel de Montaigne, réunis par le Dr J.-F. Payen et conservés à la Bibliothèque Nationale, rédigé et précédé d'une notice par Gabriel Richoux, archiviste-paléographe, conservateur de la Bibliothèque de la Cour de cassation. (Paris, le 20 novembre 1875.) — *Bordeaux, Imp. générale d'Émile Crugy,* 1877, in-8° de XVII-274 p. [8° Q. 185

1,467 numéros.

Catalogue divisé en 10 sections : 1° Œuvres de Montaigne. — 2° Traduction des œuvres de Montaigne en langue allemande, anglaise, hollandaise et italienne. — 3° Ouvrages ayant appartenu à Montaigne, portant sa signature ou quelques lignes de sa main. — 4° Ouvrages des parents, amis et contemporains de Montaigne. — 5° Ouvrages manuscrits et imprimés de M. J.-F. Payen. — 6° Ouvrages se rapportant spécialement ou incidemment à Montaigne, à ses parents et à ses amis. — 7° Ouvrages anonymes se rapportant spécialement ou incidemment à Montaigne et à ses parents, etc. — 8° Ouvrages divers. — 9° Autographes, chartes, portefeuilles. — 10° Portraits, statuettes, médailles.

A la fin. Renseignements sur la collection de M. J.-B. Bastide pour une nouvelle édition des œuvres de Montaigne. Collection conservée au Département des manuscrits de la Bibliothèque nationale.

369. **Schœlcher** (N.). — Bibliothèque Nationale. Catalogue des ouvrages donnés par M. N. Schœlcher, sénateur, 1884. — *Nogent-le-Rotrou, imp. Daupeley-Gouverneur,* (*s. d.,*) in-8° de 99 p. [8° Q. 885

1,776 numéros. — Collection d'ouvrages relatifs à la question de l'esclavage et aux possessions coloniales françaises.

370. **Davillier** (Ch.). — Catalogue de la collection léguée à la Bibliothèque

nationale par M. le baron Ch. Davillier. — *Nogent-le-Rotrou, impr. Gouverneur*, (1886,) in-8° de 75 p. [8° Q. 1129

Cette collection se compose de volumes et pièces imprimés, de cartes, de manuscrits et d'estampes. — Elle comprend une série de catalogues de musées et d'expositions et une suite importante de catalogues de vente de tableaux, objets d'art, etc. Les volumes se rapportant à ces deux séries ont été groupés et la liste en est imprimée à la fin de la première partie de ce catalogue.

Les catalogues de musées ont été classés par ordre alphabétique des noms des villes qui les possèdent, et les catalogues de vente de tableaux par ordre alphabétique des noms des collectionneurs ou, à défaut de ces noms, par ordre chronologique des dates de vente.

371. **Angrand.** — Bibliothèque Nationale. Département des Imprimés. Inventaire des livres et documents relatifs à l'Amérique, recueillis et légués à la Bibliothèque Nationale par M. Angrand. — *Nogent-le-Rotrou, imp. Daupeley-Gouverneur*, 1887, in-8° de 75 p. [8° Q. 1284

Par son testament en date du 8 mai 1885, M. Angrand a légué à la Bibliothèque la collection de livres et documents qu'il a formée sur la topographie et l'histoire de l'Amérique, avec une somme de 60,000 fr. dont les intérêts serviront partie à accroître la collection qui doit former un fonds distinct portant le nom du donateur, partie à doter un prix quinquennal de 5,000 fr. en faveur du meilleur ouvrage sur les langues, l'histoire et les antiquités américaines des temps antérieurs à la découverte de Christophe Colomb.

372. ***Musique.*** — Depuis 1882, les publications musicales les plus importantes figurent dans le *Bulletin mensuel des récentes publications françaises.*

IV. — Collections Géographiques.

La formation de ce dépôt est due à l'initiative de M. de Martignac, ministre de Charles X. Une ordonnance royale du mois de mars 1828 l'organisa en département spécial. L'ordonnance royale de 1832 la réunit au cabinet des estampes. — Aujourd'hui, il ne forme plus qu'une section du département des imprimés.

373. **La Hire** (de). — Description et explication des globes qui sont placés dans les pavillons du château de Marly, par ordre de Sa Majesté, par M. de La Hire, professeur royal en mathématiques. — *Paris, imp. L.-V. Thiboust, place de Cambray*, 1704, in-8° de 96 p. [Inv. V. 20754

Cet exemplaire porte : « FF. Minorum Recollectorum ex dono » écrit à la main.

374. **Coronelli.** — Atlas céleste, composé d'un globe de douze pieds de circonférence, du Père Coronelli : auquel on a joint celui de M. l'abbé de la Caille; pour servir de carte générale, sur laquelle se trouvent les nouvelles constellations découvertes par ce célèbre astronome au cap de Bonne-Espérance; et qui sont désignés sous les noms des principaux instruments des arts; avec une table alphabétique des constellations et des étoiles les plus remarquables... — *Paris, Desnos*, 1782, gr. in-fol. de 4 p. et 11 planches. [V. 206 B

Ces globes sont aujourd'hui à la Bibliothèque Nationale.

375. **Jubinal** (Achille). — Les globes de Coronelli. [Lettre à M. le Directeur du *Voleur*]. — *Cabinet de lecture.* Signée : Achille Jubinal. — [*Paris*, 1850, in-4°.]

376. **(Jomard).** — Dépôt de géographie créé à la Bibliothèque du Roi. — *Paris, imp. Rignoux*, (1828), in-8° de 7 p. [Inv. Réserve. G. 2286

Extrait de la *Revue Encyclopédique* (t. XXXVIII, 114e cah.). Dixième année, seconde série, juin 1828.

« Ce commentaire de l'ordonnance royale du 30 mars 1828, qui a certainement Jomard pour auteur, a paru dans le *Moniteur universel* du 16 mai de la même année... Il a été reproduit dans l'appendice à la brochure de Jomard intitulée : *De la collection géographique créée à la Bibliothèque Royale... — Paris*, 1848. » (Voy. n° 387).

377. **Jomard.** — Considérations sur l'objet et les avantages d'une collection spéciale consacrée aux cartes géographiques et aux diverses branches de la géographie. (Signé : Jomard). — *Paris, imp. de E. Duverger*, 1831, in-8° de 92 p. [Inv. Réserve. Q. 791

Collection réunie à la Bibliothèque Nationale. — Suit un appendice, p. 63 : Remarques sur le but et l'utilité d'une collection ethnographique, et les moyens de la former.

378. **Berthelot** (Sabin). — Extrait du rapport fait à la Société de Géographie de Paris, à l'assemblée générale du 6 décembre 1839, par M. Sabin Berthelot, secrétaire général de la commission centrale (Collection géographique de la Bibliothèque Royale). — *Paris, imp. de Bourgogne*, 1840, in-8° de 15 p. [Inv. Réserve. Q. 801

Extr. du *Bulletin de la Société de Géographie.*

2e édition 1840. En plus, un *Post-Scriptum* signalant diverses acquisitions faites par la Bibliothèque depuis le rapport. [Inv. Réserve. Q. 800

379. **Jomard.** — Extrait du rapport annuel fait à la Société de Géographie

pour l'année 1840, par le secrétariat-général (Appendice). Collection géographique de la Bibliothèque royale. — *Paris, imp. de Bourgogne,* (*s. d.*), in-8° de 8 p. [Inv. Réserve. Q. 802

Extr. du *Bulletin de la Société de Géographie,* décembre 1840.

380. **Jomard.** — Accroissement de la collection géographique de la Bibliothèque Royale en 1841. — *Paris, imp. de Bourgogne,* 1842, in-8° de 16 p. [Inv. Réserve. Q. 803

Extrait du *Bulletin de la Société de Géographie,* décembre 1841.

381. ***Développement*** de la collection géographique de la Bibliothèque Royale en 1842. — *Paris, imp. de Bourgogne,* 1843, in-8° de 13 p. [Inv. Réserve. Q. 804

Extr. du *Bulletin de la Société de Géographie* (cahier de décembre 1842.)

382. ***Collection*** géographique de la Bibliothèque Royale, année 1843. — *Paris, imp. de Bourgogne,* (*s. d.*), in-8° de 20 p. [Inv. Réserve. Q. 806

Extr. du *Bulletin de la Société de Géographie.*

383. ***Appendice.*** — Progrès de la collection géographique de la Bibliothèque Royale en 1844. — *Paris, imp. de Bourgogne,* 1845, in-8° de 12 p. [Inv. Réserve. Q. 807

Extr. du *Bulletin de la Société de Géographie.* Décembre 1843.

384. ***La Collection*** géographique de la Bibliothèque Royale en 1845. — *Paris, imp. de Bourgogne,* 1846, in-8° de 21 p. [Inv. Réserve. Q. 808

Extr. du *Bulletin de la Société de Géographie,* novembre et décembre 1845.

385. ***Appendice*** au rapport du secrétaire général de la Société de géographie. Acquisitions de la Bibliothèque Royale (collection géographique) pendant l'année 1846. 8e rapport. — *Paris, imp. de L. Martinet,* 1847, in-8° de 16 p. [Inv. Réserve. Q. 809

Extr. du *Bulletin de la Société de Géographie* (novembre et décembre 1846).

386. ***Progrès*** de la collection géographique de la Bibliothèque Royale. Neuvième rapport. (Pour l'année 1847). — *Paris, imp. de L. Martinet,* (*s. d.*), in-8° de 11 p.

Extr. du *Bulletin de la Société de Géographie.*

Ce rapport a été relié avec les précédents dans un volume intitulé : *Jomard et Berthelot. Collection géographique de la Bibliothèque, 1831-1848.* [Section de Géographie C. 16310

387. **Jomard.** — De la collection géographique créée à la Bibliothèque Royale ; examen de ce qu'on a fait et de ce qui reste à faire pour compléter cette création et la rendre digne de la France. (Signé : Jomard, membre de l'Institut,...) — *Paris, imp. d'E. Duverger,* janvier 1848, in-8° de 104 p. [Inv. Réserve. Q. 827

Appendice, pièces, notes et documents.

(A) Ordonnances royales pour la création du dépôt général de géographie.

(B) Installation dans la galerie du rez-de-chaussée. — Pièces.

(C) Acquisition des principales cartes officielles étrangères.

(D) Acquisition de plusieurs collections particulières de cartes.

(E) Dons procurés à la Bibliothèque Royale.

(F) Méthode de classification de la collection géographique et plan du catalogue.

(G) Note pour les registres.

(H) Examen de quelques objections.

(I) Dépôts de cartes, publics et privés, existants en Europe.

(K) Supplément à la liste des savants qui ont visité le cabinet géographique.

Addition à l'Appendice (A).

387 *bis.* **Beugnot** (M.). — Rapport au nom de la sous-commission chargée d'examiner l'état des catalogues de la collection géographique de la Bibliothèque Nationale, par M. Beugnot, membre de l'Assemblée nationale. — *Paris, Imp. Nationale,* janvier 1851, in-4° de 40 p. [Inv. Réserve. Q. 427

388. **Cortambert** (E.). — Rapport adressé à Son Excellence Monsieur le Ministre de l'Instruction publique et des Cultes, sur les documents géographiques de diverses bibliothèques publiques de France, par M. E. Cortambert, attaché au département des cartes... de la Bibliothèque Impériale. (Signé : Cortambert, Paris, Bibl. imp., 5 novembre 1855). — *(Paris), Imp. Impériale,* janvier 1856, in-8° de 15 p. Inv. Réserve. Q. 846

389. **Pannier** (Léopold). — Note sur les cartes et plans de Paris et de l'Ile-de-France exposés dans la galerie Mazarine de la Bibliothèque Nationale, par Léopold Pannier, de la Bibliothèque Nationale. — *Paris, 1875, (imp. Gouverneur, G. Daupeley, à Nogent-le-Rotrou),* in-8° de 14 p. [L⁷ k. Pièce. 18607

Extrait du *Bulletin de la Société de l'Histoire de Paris et de l'Ile-de-France* (livraison de juillet-août 1875, p. 118 à 127).

390. **Hamy** (Dr E.-T.). — Origines du Musée d'Ethnographie. Histoire et documents, par le Dr E.-T. Hamy. — *Paris, E. Leroux,* 1890, in-8° de 321 p. [GFF 2111

Extrait de la *Revue d'Ethnographie,* juillet-décembre 1889.

Catalogues.

391. ***Congrès*** international des sciences géographiques, 2e session. — Paris, 1875. — Exposition. Catalogue. Bibliothèque Nationale. Annexe A. — *Paris, typ. Lahure,* 1875, in-8° de XXIX p. [8° G

Catalogue comprenant 514 numéros.

392. ***Catalogue*** des cartes géographiques, françaises ou étrangères.

Ce catalogue est publié chaque mois, depuis 1882, à la suite du *Bulletin mensuel des récentes publications françaises.*

393. **Bibliothèque Nationale.** — Notice des objets exposés dans la section de géographie. Mai 1889. — *Paris, typ. G. Chamerot,* 1889, in-8° de 57 p.

471 numéros.

V. — Département des Médailles.

L'origine du Cabinet du roi remonte jusqu'à François Ier, mais il ne prend une réelle importance que sous Louis XIV, époque où il s'accroît du cabinet de Gaston d'Orléans, oncle du roi. — Transporté d'abord du château de Versailles au Louvre, il est installé à la Bibliothèque en 1667.

394. **Caylus** (Comte de). — Numismata aurea imperatorum romanorum e cimelio regis christianissimi delineata et œri incisa a comite de Caylus. — (*S. l. n. d.*,) in-4° de 60 p. [J. 900. 4. A

Fac-similés de monnaies.

Ce livre, peu important, était fort cher autrefois, parce qu'on prétendait que le comte de Caylus, après l'impression de quelques exemplaires, mécontent des planches, les avait fait casser ou biffer. Ce fait s'est trouvé faux et, il y a quelques années, l'ouvrage était encore en fonds chez M. Renouard, 15 fr. — (Note de Brunet.) — Brunet indique encore de Caylus un *Recueil des pierres gravées du Cabinet du Roi gravées à l'eau forte sur 506 pl.* pet. in-4°.

395. **Cointreau** (A. L.). — Histoire abrégée du Cabinet des Médailles et Antiques de la Bibliothèque nationale, ou état succinct des acquisitions et augmentations qui ont eu lieu, à dater de l'année 1754 jusqu'à la fin du siècle (an 8 de la République Française). Par A. L. Cointreau, ancien premier employé audit Cabinet durant vingt-sept ans consécutifs, sous les Cens Barthélemy oncle et neveu, conservateurs. — *Paris, l'auteur, C. Pougens et Bouquet,* an IX-1800, in-8° de VIII-248 p. [Inv. Réserve. Q. 769. Δ. 27

Une figure hors texte. — Voyez aussi le P. C. du Molinet : *Histoire du Cabinet des Médailles du Roi.* (Rec. Fontanieu, p. 311-324.) Z. 2281. Z F. 18. — On trouvera encore d'intéressants détails concernant le Cabinet des Antiques à la Bibliothèque nationale dans *Les Origines du Musée d'ethnographie,* par le Dr Hamy. (*Revue d'ethnographie,* t. VIII, juillet-décembre 1889.)

396. **Dumersan.** — Notice des monumens exposés dans le Cabinet des Médailles et Antiques de la Bibliothèque du Roi; suivie d'une description des objets les plus curieux que renferme cet établissement, de notes historiques sur sa fondation, ses accroissemens, etc., etc., et d'un catalogue d'empreintes de pierres gravées (par Dumersan). Prix : 1 fr., et avec figures 2 fr. — *Paris, Journé,* 1819, in-16 de 76 p. [Inv. Réserve. Q. 773, et Δ. 23

Exempl. sans figures.

Le catalogue d'empreintes comprend, avec le supplément, 244 nos.

Même édit. avec fig. in-8o. [Inv. Réserve. Q. 772

Nouvelle édition, accompagnée d'un recueil de planches représentant les monumens les plus intéressans de ce Cabinet. Prix, sans figures, 1 fr. — *Paris, Journé,* 1822, in-16 de 71 p. [Inv. Réserve. Q. 774

Exempl. sans fig. — Cette édit. ne contient pas le catalogue d'empreintes de pierres gravées.

Nouvelle édition. Prix : 1 fr. — *Paris, Journé, imp. de Hocquet,* 1824, in-16 de 60 p. [Inv. Réserve. Q. 775

Même édition avec fig. Prix : 15 fr., in-8o de 70 p. [Inv. Réserve. Q. 776.

Nouvelle édition augmentée. Prix 1 fr. — *Paris, Journé, imp. de A. Coniam,* 1825, in-8o de 44 p. [Inv. Réserve. Q. 777

Nouvelle édition considérablement augmentée. — *Paris, chez l'auteur, rue Neuve des Petits-Champs, no 12,* 1828, in-8o de 62 p. [Δ. 23

Onzième édition, corrigée et augmentée : Notice sur la Bibliothèque royale et particulièrement sur le Cabinet des Médailles, antiques et pierres gravées; avec une description... etc. — *Paris, chez l'auteur, imp. Dezauche,* 1836, in-12 de 59 p. [Inv. Réserve. Q. 779

Édition de 1833. Notice abrégée des monuments... — *Paris, chez l'auteur (imp. David),* 1833, in-16 de 22 p. [Inv. Réserve. Q. 778

Édition de 1838. Histoire du Cabinet des Médailles... avec une notice sur la Bibl. roy. et une description des objets exposés. — *Paris, chez l'auteur, imp. Delanchy,* 1838, in-8o de IV-191 p.

[Inv. Réserve. Q. 795, et Δ. 25

Nouvelle édition, considérablement augmentée : notice des monuments exposés dans le Cabinet des médailles, antiques et pierres gravées et dans la Bibliothèque royale, avec l'histoire du Cabinet des médailles et une notice abrégée sur les départements des livres imprimés, des manuscrits et du Cabinet des estampes, cartes et plans... — *Paris, chez l'auteur, imp. Delanchy*, 1840, in-8° de XVI-191 p. [Inv. Réserve. Q. 780

397. [**Chabert** (J.), **Ferlus** (L.-D.)]. — Explication du zodiaque de Dendéra (Tentyris). Observations curieuses sur ce monument précieux et sur sa haute antiquité. — Le dessin exact du zodiaque de Dendera se vend à *Paris, chez Martinet,... de l'imp. Guiraudel*, 1822, in-8° de 12 p.
[Inv. Réserve. Q. 785

Par Chabert (J.) et Ferlus (L. D.), d'après Barbier.

398. **Dumersan**. — Notice sur le zodiaque de Dendéra et sur son transport en France, avec un résumé des principales opinions et des systèmes les plus remarquables des Antiquaires, des Géomètres et des Astronomes, sur ce monument, par M. Dumersan. Prix : avec figures, 2 fr. — *Paris, Journé, imp. de Hocquet*, 1824, in-12 de II-58 p. [Inv. Réserve. Q. 786

Ce monument a été acquis par l'État pour la somme de 150,000 fr. Exposé pendant près d'un an au Louvre, il est maintenant conservé au département des médailles de la Bibliothèque.

Seconde édition augmentée de plusieurs figures : 1825.
[Inv. Réserve. Q. 787

399. **Dumersan**. — Silène précepteur des amours. Camée antique inédit du cabinet du roi de France, décrit par M. Dumersan, employé au Cabinet des Antiques... avec une jolie gravure en taille douce, par feu Saint-Aubin. — *Paris, Journé*, 1824, in-8° de 14 p. [Réserve. Z. 8°

Cette plaquette se trouve reliée avec d'autres opuscules du même auteur qu'on a réunies en un volume sous le titre de : Opuscules de Marion Dumersan père et fils.

Affaire de l'acquisition des vases de Bernay.

400. **Le Prévost** (Aug.). — Mémoire sur la collection de vases antiques trouvée, en mars 1830, à Berthouville (arrondissement de Bernay); par Aug. Le Prévost, membre honoraire de la Société des Antiquaires de Londres,... (Extrait du tome VI° des *Mémoires de la Soc. des Antiq. de Norm.*). — *Caen, T. Chalopin*, 1832, in-4° de 75 p. et 15 planches. [L⁹j. 91

401. **Raoul-Rochette**. — Exposé succinct de l'acquisition des vases de Bernay, par M. Raoul-Rochette. — *Paris, imp. d'Édouard Proux et Cie*, 1838, in-8° de 24 p. [Ms. 2,846. Pièces sur la Biblioth. royale

402. (**Louis Paris**). — L'histoire des vases de Bernay, à propos de ce qui se passe à la Bibliothèque royale. (Signé : L. P.) — *Paris, imp. de E.-J. Bailly,* 1847, in-8° de 15 p. [Ln[27]. 17709

403. **Raoul-Rochette.** — Pétition adressée à l'Assemblée nationale législative, pour demander le rétablissement de l'emploi de Conservateur du cabinet des médailles et antiques de la Bibliothèque nationale, supprimé par arrêté de M. Carnot, du 1er mars 1848, par M. Raoul-Rochette. — *Paris, typ. de Firmin-Didot,* 1849, in-8° de 13 p. [Inv. Réserve. Q. 835

404. (**Carnot**). — A M. le rédacteur de «La Liberté de penser.» (Signé : Carnot). — *Paris, imp. de E. Thunot et Cie*, (1850), in-8° de 7 p. [Ln[27]. 17710

Extrait de *La Liberté de penser.*

405. **Raoul Rochette.** — Lettre à M. Carnot, sur sa réponse à M. Raoul-Rochette, insérée dans *La Liberté de penser,* revue philosophique et littéraire, tome V, n° 29, p. 417, par M. Raoul-Rochette. [14 mai 1850.] — *Paris, typogr. de Firmin-Didot frères,* 1850, in-8° de 30 p. [Ln[27]. 17711

406. **Raoul-Rochette.** — Post-scriptum à ma lettre à M. Carnot; par M. Raoul-Rochette [22 juin 1850]. — *Paris, typ. de Firmin-Didot,* 1850, in-8° de 36 p. [Ln[27]. 17712

M. R. Rochette se défend contre les fautes qui lui sont imputées par M. Carnot dans sa *Réponse à M. Raoul-Rochette.*

407. **Carnot.** — Réponse à M. Raoul-Rochette, suivie du rapport d'une Commission d'enquête instituée en 1848 par le Ministre de l'Instruction Publique pour examiner la conduite de M. Raoul-Rochette dans l'acquisition des vases de Bernay, par M. Carnot. — *Paris, imp. L. Martinet,* 1850, in-8° de 40 p. [Ln[27]. 17713

La lettre de M. Carnot (3 avril 1850) est une réponse à la brochure de M. Raoul-Rochette ayant pour titre : *Pétition adressée à l'Assemblée nationale législative, pour demander le rétablissement de l'emploi de conservateur du cabinet des médailles et antiques de la Bibliothèque nationale, supprimé par arrêté de M. Carnot, du 1er mars 1848, par M. Raoul-Rochette. Paris, 1849,* dans laquelle l'auteur attribue sa disgrâce aux rancunes politiques de M. Carnot.

Ainsi qu'il ressort du rapport de la Commission d'enquête (5 juillet 1848), M. R.-Rochette, par ses rapports inexacts ou incomplets, avait déterminé le consentement du Conservatoire de la Bibliothèque à laisser payer 30,000 fr. les vases de Bernay qui lui appartenaient déjà en réalité moyennant 17,000 fr. — Le rapport de la Commission d'enquête est précédé d'une note du président de la Commission. Signé : Taillandier.

Voy. sur l'historique de la découverte de Bernay : Chabouillet. *Catal. des Camées*, p. 418 et suiv.

407 *bis*. **Mionnet** (T.-E.). — Poids des médailles grecques d'or et d'argent du Cabinet royal de France, désignées par le numéro d'ordre de la description des médailles antiques grecques et romaines, etc., etc., par E. T. Mionnet, conservateur adjoint du Cabinet des médailles de la Bibliothèque royale,... — *Paris, Crozet*, 1839, in-8° de VII-217 p. [J. 1746. B. 18. a

408. **Albert de Luynes** (M. d'). — Ministère de l'Instruction Publique et des cultes. Rapport fait au nom de la sous-commission chargée d'examiner l'état des catalogues du Cabinet des médailles et antiquités de la Bibliothèque nationale, par M. d'Albert de Luynes, membre de l'Assemblée nationale. — *Paris, Imp. nationale*, (1850,) in-4° de 34 p. [Inv. Réserve. Q. 426

409. **Dauban**. — Le Cabinet des Médailles de la Bibliothèque Impériale. De l'importance, au point de vue de l'histoire et de l'art, des monuments que renferme le Cabinet des médailles de la Bibliothèque impériale. — Interprétation des tableaux de Vanloo qui le décorent. (Signé Dauban). — *Paris, imp. de P. Dupont*, 1859, in-8° de 16 p. [Inv. Réserve. Q. 851

410. **Chabouillet** (A.). — Recherches sur les origines du Cabinet des médailles et particulièrement sur le legs des collections de Gaston duc d'Orléans au roi Louis XIV. — *Paris, imp. de A. Gouverneur à Nogent-le-Rotrou*, 1874, in-8° de 82 p. [Inventaire. J. 17,226, et Δ. 35

Legs accepté par le roi au mois de novembre 1661. Cependant, le Cabinet de Gaston d'Orléans ne paraît pas avoir été porté à la Bibl. du roi avant 1667. — C'est de cet événement que date, pour ainsi dire, l'origine du Cabinet des médailles.

411. **Chabouillet** (A.). — Étude sur quelques camées du Cabinet des Médailles. (Signé : Anatole Chabouillet.) — *Paris, A. Lévy*, 1886, in-fol. de 52 p. [F° Q. 66

(Extrait de la *Gazette archéologique* de 1885-86.) Avec corrections et additions. — 3 planches de reproductions de camées en héliogravure.

Catalogues.

411 *bis*. **Hager** (J.). — Description des médailles chinoises du Cabinet impérial de France, précédée d'un essai de numismatique chinoise avec

des éclaircissements sur le commerce des Grecs avec la Chine, et sur les vases précieux qu'on y trouve encore, par J. Hager. — *Paris, Imp. impériale*, an XIII-1805, in-4° de 188 p. Fig. [Réserve. O²n. 212

Au v° du faux-titre : se trouve à Paris chez Treuttel et Würtz, libraires, rue de Lille, et chez les principaux libraires de l'Europe.

412. ***Département des médailles et antiques.*** — Notice des monuments exposés dans le Cabinet des Médailles et Antiques de la Bibliothèque du roi. — *Paris*, 1819, in-8° de 76 p.

413. **Leprevost** (Auguste). — Liste des principaux objets trouvés à Berthouville, par M. Auguste Leprevost. — *Évreux, Ancelle fils*, 1830, in-8° de 27 p. [Lj⁹. 90

Extr. du *Recueil de la Société d'agricult., sciences, arts et belles-lettres du département de l'Eure*, n° IV. — Octobre 1830. — (Voy. : partie historique, n°s 400-407.)

414. **Dumersan.** — Notice des monuments exposés dans le Cabinet des médailles, antiques et pierres gravées et dans la Bibliothèque royale, avec l'histoire du Cabinet des médailles et une notice abrégée sur les départements des livres imprimés, des manuscrits et du Cabinet des estampes, cartes et plans. — *Paris, chez l'auteur, imp. Delanchy*, 1840, in-8° de XVI-191 p.

(Pour le détail des éditions, voy. ci-déssus, n° 396.)

415. **Duchalais** (Adolphe). — Description des médailles gauloises faisant partie des collections de la Bibliothèque royale, accompagnée de notes explicatives, par Adolphe Duchalais, ancien élève de l'École des chartes, membre de la Société royale des antiquaires de France. — *Paris, typ. de F. Didot fr.*, 1846, in-8° de X-348 p. et 2 planches [Lj²³. 9

Autre édition. — *Paris, chez Rollin et chez F. Didot frères*, 1846, in-8° de X-487 p. [Lj²³. 9. A

Cette édition contient en plus : — Le catalogue des monnaies pannoniennes, 115 numéros avec 2 planches. — La description des planches — une note additionnelle — la table des degrés de rareté des médailles gauloises et des monnaies pannoniennes — une table détaillée des matières et une table générale.

416. **Chabouillet.** — Catalogue général et raisonné des camées et pierres gravées de la Bibliothèque impériale, suivi de la description des autres monuments exposés dans le Cabinet des Médailles et Antiques, publié

sous les auspices de S. Exc. le ministre de l'instruction publique, par M. Chabouillet, conservateur adjoint du Cabinet des Médailles et Antiques. — *Paris, J. Claye,* 1858, in-8° de VIII-634 p. [8° Q. 1008

1re Partie. — Catalogue général des camées et pierres gravées. — 2e Partie. — Catalogue général et raisonné de vases, bustes, statuettes et autres ornements.

Même édition in-12. [Inv. Q. 7481

417. **Vattemare** (Alexandre). — Collection de monnaies et médailles de l'Amérique du Nord de 1652 à 1858, offerte à la Bibliothèque impériale tant au nom du gouvernement fédéral et des citoyens des divers États de l'Union Américaine qu'en son propre nom, par Alexandre Vattemare,... Catalogue avec notices historiques et biographiques. — *Paris, imp. de Ad. Lainé et J. Havard,* 1861, in-8° de 134 p. [Pb. 1293

Partie I. — Monnaies. — Partie II. — Médailles.

418. ***Bibliothèque impériale.*** — Département des Médailles, Pierres gravées et Antiques. Description sommaire des monuments exposés. — *Paris, A. Laîné,* 1867, in-8° de 162 p.

Monnaies et médailles. — Vases peints. — Terres cuites. — Monuments de verre et d'ivoire. — Donation de Janzé. — Salle de Luynes : Camées antiques, statuettes, armes, etc.

419. **Ledrain** (E.). — Les monuments égyptiens de la Bibliothèque Nationale, par E. Ledrain. — *Paris, F. Vieweg,* 1881, in-4° de 100 planches. [4° Z. 164

Dans la « Bibliothèque de l'École des Hautes Études, Sciences philologiques et historiques, 47e fasc., 2e et 3e livraison. »

100 planches accompagnées de légendes.

420. **Lavoix** (Henri). — Catalogue des monnaies musulmanes de la Bibliothèque Nationale publié par ordre du ministre de l'Instruction publique, par M. Henri Lavoix, conservateur adjoint du département des Médailles, Pierres gravées et Antiques. Khalifes orientaux (octobre 1887). — *Paris, Imp. nationale,* 1887, gr. in-8° de L-547 p. et X planches. [4° Q. 358

421. **Babelon** (Ernest). — Le Cabinet des Antiques à la Bibliothèque nationale. Choix des principaux monuments de l'antiquité, du moyen âge et de la Renaissance conservés dans le département des Médailles et Antiques de la Bibliothèque Nationale, par M. Ernest Babelon, bibliothécaire au département des Médailles et Antiques de la Bibliothèque Nationale. — *Paris, A.*

Lévy, 1888, 2 fasc. in-fol. de XIX-60 p. et 20 planches en héliogravure, et 72 p. et 20 planches. [f° Q. 96

3e fasc. paru en 1890; 20 planches. —L'ouvrage complet se composera de 4 fasc. — Dans l'introduction du 1er fasc. l'auteur résume l'historique du Cabinet des Médailles.

422. ***Notice sommaire*** des principaux monuments exposés dans le département des Médailles et Antiques de la Bibliothèque Nationale. — *Paris, Imp. nationale,* 1889, in-8° de XII-165 p.

423. **Muret** (Ernest), **Chabouillet** (A.). — Ministère de l'Instruction publique et des beaux-arts. Catalogue des monnaies gauloises de la Bibliothèque Nationale, rédigé par Ernest Muret et publié par les soins de M. A. Chabouillet, conservateur du département des Médailles et Antiques. — *Paris, E. Plon, Nourrit et Cie*, 1889, in-4° de XXVII-327 p.

Préface historique de M. Chabouillet.

424. **Amécourt.** — Inventaire sommaire des monnaies mérovingiennes de la collection d'Amécourt acquises par la Bibliothèque Nationale, rédigé par Maurice Prou, sous-bibliothécaire au département des Médailles. — *Paris, C. Rollin et Feuardent,* 1890, in-8° de 181 p. et 2 planches en phototypie.

Extrait de la *Revue numismatique,* 1890.

La collection du vicomte Ponton d'Amécourt a été acquise par la Bibl. nat. en vertu de la loi du 24 juillet 1889. — Elle comprend 1131 articles divisés en deux classes : Monnaies d'or et monnaies d'argent.

425. **Babelon** (Ernest). — Catalogue des monnaies grecques de la Bibliothèque Nationale. Les rois de Syrie, d'Arménie et de Commagène, par Ernest Babelon, conservateur adjoint au département des Médailles et Antiques de la Bibliothèque Nationale. — *Paris, C. Rollin et Feuardent,* 1890, gr. in-8° de CCXXII-268 p. et 32 planches. [4° Q. 463

Rois de Syrie : 1590 art. — Rois d'Arménie : 30 art. — Rois de Commagène : 46 art.

426. **Morel-Fatio** (Arnold). — Catalogue raisonné de la collection des deniers Mérovingiens des VIIe et VIIIe siècles de la trouvaille de Cimiez donnée au Cabinet des Médailles de la Bibliothèque nationale par M. Arnold Morel-Fatio, rédigé par le donateur et publié selon ses vœux par M. A. Chabouillet. — *Paris, Rollin et Feuardent,* 1890, in-8° de XVIII-66 p. et 11 planches.

Introduction relative à M. A. Morel-Fatio et à sa donation au Cabinet des Médailles. — La collection de M. Morel-Fatio, conservateur du musée de Lausanne, a été donnée par lui à la Bibl. nat. en 1887. Elle se compose de 497 monnaies d'argent.

VI. — Département des Estampes.

427. (**Duchesne**). — Notice des estampes exposées à la Bibliothèque du Roi, contenant des recherches historiques et critiques sur ces gravures et sur leurs auteurs. — *Paris, Leblanc et Delaunay,* 1819, in-12 de XIX-94 p.

[Inv. Réserve. Q. 781. — Estampes Ye. 2. a

Précédée d'un essai sur l'origine du Cabinet des Estampes. — 161 numéros décrits. — Suit une table alphabétique des noms et des matières.

428. (**Duchesne**). — Notice des estampes exposées à la Bibliothèque du roi, contenant des recherches historiques et critiques sur ces estampes et sur leurs auteurs, précédée d'un essai sur l'origine, l'accroissement et la disposition méthodique du Cabinet des Estampes. — *Paris, Leblanc et Delaunay,* 1819, in-8° de XIX-96 p. [Inv. Réserve. Q. 781 *bis*. — Estampes Ye. 2

161 numéros décrits. — Suit une table chronologique des gravures dont les ouvrages sont décrits dans cette notice, et une table alphabétique des noms et des matières.

2e édition. *Paris, de Bure Frères,* 1823, in-8° de XXIII-119 p.

[Inv. Réserve. Q. 783. — Estampes Ye. 2. b

Dédicace : à Monsieur Joly, conservr de la Bibliothèque du Roi (Paris, le 1er mars 1823, Signé : Duchesne aîné). — 207 numéros décrits. XVe-XVIIIe siècle. — Suit une table alphab. des noms et des matières.

Même édition in-12. [Inv. Réserve. Q. 782. Estampes Ye. 2. c

3e édition : *Paris, Ch. Heideloff,* 1837, in-8° de XX-214 p.

[8° V. 7981. — Estampes Ye. 2. d

Dédicace : à Sa Majesté le Roi de Saxe. (Paris, ce 1er juin 1837. — Signé : Duchesne aîné.) — 365 numéros décrits. XVe-XIXe siècle. — Suit une table alphabétique des noms et des matières.

Une réimpression abrégée de cette même édition a été faite en 1841 par le même éditeur, in-12 de 145 p. Le titre en a été altéré, il porte : Notice des estampes exposées à la Bibliothèque royale, formant un aperçu historique des produits de la gravure, avec des recherches sur l'origine, l'accroissement et la disposition méthodique du Cabinet des Estampes, par Duchesne aîné. Troisième édition. — *Paris, Ch. Heideloff,* 1841, in-12 de 145 p.

4e édition : Description des estampes exposées dans la galerie de la Bibliothèque Impériale formant un aperçu historique des productions de l'art et de la gravure accompagnée de recherches sur l'origine, l'accroissement et la disposition méthodique de la collection, par J. Duchesne aîné, conservateur, précédée d'une notice biographique sur sa vie et ses ouvrages. — *Paris, imp. Simon Raçon et Cie*, 1855, in-8° de XXXVII-XVI-210 p. [8° Q. 1014. — Estampes Ye. 2. e

413 numéros décrits. XVe-XVIIIe siècle. — Suit une table alphabétique des noms et des matières.

429. **Duchesne.** — Bibliothèque Royale. Observations sur les catalogues de la collection des Estampes, par Duchesne aîné, conservateur (mars 1847). — *Paris, imp. de G. Jousset (s. d.)*, in-8° de 8 p. [Q. 7462

430. **Bonnardot** (A.). — Lettre au Bibliophile Jacob, rédacteur du *Bulletin des Arts*, sur le Cabinet des Estampes et l'excellente administration de M. Duchesne aîné, par A. Bonnardot. — *Paris*, *Deflorenne neveu*, 1848, in-8° de 16 p. [Inv. Réserve. Q. 831

431. **Duchesne** (aîné). — Recherches sur une ancienne galerie du palais Mazarin où se trouve maintenant le département des estampes de la Bibliothèque impériale, par Duchesne aîné. [1er octobre 1854]. — *Paris, J. Renouard et Ce*, 1854, in-8° de 16 p. [Lj9. 2487

Extrait de la *Notice des estampes exposées à la Bibliothèque Impériale*, édition de 1854.

432. **Duplessis** (Georges). — Le département des Estampes à la Bibliothèque Impériale, son origine et ses développements successifs, par Georges Duplessis. — *Paris, imp. de J. Claye*, 1860, in-4° de 20 p. [Inv. Réserve. Q. 431

Extrait de la *Gazette des Beaux-Arts* du 1er août 1860.

3 figures, fleuron et cul-de-lampe.

433. **Duplessis** (Georges). — Le Cabinet du roi. Collection d'estampes commandées par Louis XIV. — *Paris, Bachelin-Deflorenne*, 1869, in-4° de 21 p. [4° V. Pièce. 25250

Extrait du *Bibliophile français*.

« On entend par le *Cabinet du Roi* une série de planches réunies en 23 volumes in-folio, tirées sur un papier uniforme, et formant un corps d'ouvrage que le Roi de France donnait aux souverains étrangers ou aux hommes distingués q 'il voulait récompenser. » — Le *Cabinet du Roi* ne fut définitivement constitué que vers 1727, époque à laquelle fut publié le premier catalogue. — Cette collection, incessamment accrue, demeura à la Bibliothèque jusqu'à l'année 1812. A cette époque, elle fut transportée au musée du Louvre.

434. **Delaborde** (Vte Henri). — Le département des estampes à la Bibliothèque Nationale. Notice historique suivie d'un catalogue des estampes exposées dans les salles de ce département, par le Vte Henri Delaborde, conservateur, secrétaire perpét. de l'Académie des Beaux-Arts. — *Paris, E. Plon et Cie*, 1875, in-8° de III-442 p. [Inv. Q. 7494

435. **Duplessis** (G.). — Rapport de M. G. Duplessis, conservateur du département des estampes, à M. l'Administrateur général de la Bibliothèque Nationale. (Paris, 1er novembre 1885.) — *Lille, imp. L. Danel, (s. d.)*, in-8° de 13 p. [8° Q. Pièce. 472

Appendice A. Liste des estampes exposées temporairement dans la première salle du département des estampes. — Appendice B. Liste des catalogues imprimés, sous presse ou en préparation, du département des estampes. — Appendice C. Liste des principales collections ou des estampes entrées à la Bibliothèque Nationale de 1858 à 1885, pendant la direction de M. le vicomte Henri Delaborde.

CATALOGUES.

436. ***Catalogue*** des volumes d'estampes dont les planches sont à la Bibliothèque du Roy. — *Paris, Imp. royale*, 1743, in-folio de 34 p. [Estampes Ye. 11

Catalogue du recueil célèbre connu sous le titre de *Cabinet du Roi*, entrepris par les soins de Colbert. — Ces planches ne sont plus à la Bibliothèque Nationale depuis 1812, époque à laquelle l'Administration des musées impériaux en réclama et en obtint la cession.

437. **Fevret de Fontette**. — Détail d'un recueil d'estampes, dessins, etc. représentant une suite des événements de l'histoire de France, à commencer depuis les Gaulois jusques et compris le règne de Louis XV.

Dans *Biblioth. histor. du P. Lelong*. — (Voy. n° 84.)

438. **Gaignières.** — Table générale du recueil de portraits... dessinés à la main... et pris sur des monuments qui font connaître les différents habillements de chaque règne.

Dans *Biblioth. histor. du P. Lelong*. — (Voy. partie historique, nos 54-55 et n° 448.)

439. **Fevret de Fontette.** — Liste alphabétique de portraits des Français et Françaises illustres... qui sont tant à la Bibliothèque du Roi que dans le cabinet de M. de Fontette.

Dans la *Biblioth. histor. du P. Lelong*, édition 1768, t. IV, 2e partie, p. 134-285.

440. **Duchesne.** — Description des estampes exposées dans la galerie de la Bibliothèque impériale formant un aperçu historique des productions de l'art et de la gravure accompagnée de recherches sur l'origine, l'accroissement et la disposition méthodique de la collection, par J. Duchesne aîné, conservateur, précédée d'une notice biographique sur sa vie et ses ouvrages. — *Paris, imp. Simon Raçon et Cie*, 1855, in-8° de XXXVII-XVI-210 p. [8° Q. 1014

Pièces du xve au XVIIIe siècle. — Cet ouvrage a eu plusieurs éditions. Nous indiquons la dernière qui est la plus complète. — Pour les autres éditions, voy. ci-dessus : Partie historique, n° 428.

441. **Delaborde** (Vte Henri). — Catalogue des estampes exposées.

Dans le *Département des estampes à la Bibliothèque nationale.* — (Voy. ci-dessus : Partie historique, n° 434.)

Le catalogue comprend les écoles italienne — allemande — hollandaise — flamande — espagnole — anglaise et française.

442. **Hennin** (Michel). — Inventaire de la collection d'estampes relatives à l'histoire de France léguée en 1863 à la Bibliothèque Nationale par M. Michel Hennin, rédigé par M. Georges Duplessis, conservateur, sous-directeur adjoint au département des Estampes à la Bibliothèque Nationale, t. I-IV. — *Paris, A. Picard*, 1877-1884, 5 vol. in-8° de VIII et VII, 479, 464, 449, 488 et 428 p. [8° V. 1375

Cette collection d'estampes est une des plus considérables qui ait jamais été réunie. — Elle forme 169 volumes contenant plus de 15,000 pièces qui embrassent un ensemble de 1370 ans (481-1851). — Ces pièces ont été classées suivant l'ordre chronologique sous une série de numéros allant de 1 à 14,805. — Le cinquième et dernier volume de l'inventaire contient une table générale alphabétique de toutes les pièces décrites et de tous les artistes ou éditeurs dont les noms sont cités.

443. ***Bibliothèque Nationale.*** — Département des Estampes. — Notice des objets exposés. — *Paris, H. Champion*, 1878, in-12 de 38 p. [Q. Pièce. 145

444. **Deloynes.** — Catalogue de la collection de pièces sur les beaux-arts imprimées et manuscrites, recueillie par Pierre-Jean Mariette, Charles-Nicolas Cochin et M. Deloynes, auditeur des comptes, et acquise récemment par le département des estampes de la Bibliothèque Nationale, par Georges Duplessis, conservateur, sous-directeur adjoint au département des estampes (Paris, 25 février 1880). — *Paris, A. Picard*, 1881, in-8° de 224 p.

Extrait du *Cabinet historique*, t. XXVI.

Collection de 56 volumes. Elle se compose de tous les livrets des expositions de l'Académie royale depuis 1673 jusqu'en 1808. — Le catalogue comprend 2,069 numéros et est suivi d'une table alphabétique des matières.

445. **Bouchot** (Henri). — Les portraits aux crayons des XVIe et XVIIe siècles conservés à la Bibliothèque Nationale (1525-1646). Notice, catalogue et appendice, par Henri Bouchot, ancien élève de l'École des chartes, attaché au Cabinet des Estampes, avec deux portraits en fac-similé. — *Paris, H. Oudin et Cie*, 1884, gr. in-8° de 412 p. [4° V. 1541

Ce catalogue, précédé d'une étude détaillée sur les crayons de la Bibliothèque Nationale, est la détermination aussi approfondie que possible des noms et des qualités des personnages dessinés par les anciens artistes. — Appendice : Liste de crayons ou de peintures conservés dans des collections publiques ou privées étrangères à la Bibliothèque Nationale, tant en France qu'à l'étranger.

446. **Martellange** (Étienne). — Notice sur la vie et les travaux d'Étienne Martellange, architecte des jésuites (1569-1641) d'après des documents inédits conservés au Cabinet des Estampes de la Bibliothèque Nationale, suivie du catalogue de ses dessins précédemment attribués à François Stella, par Henri Bouchot. — *Paris (Nogent-le-Rotrou, imp. Daupeley-Gouverneur)*, in-8° de 54 p. [Ln27. 36498

Extrait de la *Bibliothèque de l'École des chartes*, t. XLVII, 1886.

Les dessins d'Étienne Martellange sont conservés au Cabinet des Estampes de la Bibliothèque Nationale. — Achetés par M. Hennin, dont la Bibliothèque possède la célèbre collection, ils furent cédés le 24 juin 1840 et attribués à François Stella.

447. **Fleury** (Édouard). — Bibliothèque Nationale. Département des Estampes. Inventaire des dessins et estampes relatifs au départemant de l'Aisne recueillis et légués à la Bibliothèque Nationale par M. Édouard Fleury, rédigé par M. H. Bouchot, sous-bibliothécaire au département des Estampes. — *Paris, Hachette et Cie*, 1887, in-8° de IV-335 p. [8° Q. 1354

448. **Gaignières** (Roger de). — Bibliothèque Nationale. Inventaire des dessins exécutés pour Roger de Gaignières et conservés aux départements des Estampes et des Manuscrits, par Henri Bouchot, bibliothécaire au département des Estampes. — *Paris, E. Plon*, 1891, 2 vol. in-8° de XXVIII-506 et 565 p. [8° Q. 1689

Table générale alphabétique. — 7321 numéros. — La préface contient tout l'historique de cette fameuse collection.

448 *bis*. **Destailleur** (H.). — Bibliothèque Nationale. Département des estampes. Inventaire de la collection de dessins sur Paris, formée par M. H. Destailleur et acquise par la Bibliothèque nationale. — *Paris, (Nogent-le-Rotrou, imp. Daupeley-Gouverneur,)* 1891, in-8° de 72 p.

Extrait des *Mémoires de la Société de l'Histoire de Paris et de l'Ile-de-France*, t. XVII, 1890.

Index alphabétique. — 1328 articles compris dans 6 vol. in-fol. dans lesquels M. Destailleur avait réuni et fait monter tous les dessins qu'il avait recueillis sur Paris, dessins de toutes les époques et de tous les genres.

VII. — Les Batiments de la Bibliothèque Nationale.

449. **Ramel** (D.-V.). — Discours par forme de motion d'ordre, prononcé au Conseil des Cinq-Cents, par D. V. Ramel, député du département de l'Aude, et programme sur la construction d'une galerie pour le Museum, parallèle à celle du Louvre ; le transport de la Bibliothèque nationale dans celle-ci, et l'établissement des deux salles d'assemblée du Corps législatif dans le Palais national. Séance du 8 pluviose an 4. — *Paris, de l'Imp. nationale*, pluviose, l'an IV, in-8° de 12 p. [Arch. nat. AD. VIII. 15

450. **Gisors** (A. J. B. G.). — Projet d'établissement de la Bibliothèque Nationale dans l'édifice ci-devant destiné à la Paroisse de la Madeleine; par A. J. B. G. Gisors, le jeune, inspecteur des Bâtiments du Conseil des Cinq-Cents, et architecte. — *(Paris), Imp. des Sciences et Arts*, an VII, in-16 de 23 p. [Inv. Réserve. Q. 767

Le faux-titre porte en outre : Exposé sous le n° dans l'une des salles du Musée central des Arts. — Exposition de l'an VII.

451. ***L'Opéra***, le Trésor et la Bibliothèque du roi. — *Paris, Delaunay*, 1819, in-8° de 15 p.

452. **Delessert** (B.). — Mémoire sur la Bibliothèque Royale, où l'on indique les mesures à prendre pour la transférer dans un bâtiment circulaire, d'une forme nouvelle, qui serait construit au centre de la place du Carrousel; *cette bibliothèque contiendrait 800,000 volumes;* elle serait incombustible, d'un service et d'une surveillance faciles; tous les livres seraient renfermés sous des châssis vitrés, et accessibles au moyen de galeries et escaliers en fer; elle n'occuperait que 1,900 toises carrées et pourrait être entièrement terminée dans trois ans, pour la somme de 8 millions; elle ne coûterait rien à l'État; les terrains et maisons occupés par la Biblio-

thèque actuelle étant d'une valeur égale. Avec deux planches. (Signé : B. Delessert, député, décembre 1835). — *Paris, imp. de H. Dupuy,* 1835, in-4° de 14 p. [Inv. Réserve. Q. 421

Dans le même volume on a relié du même auteur :

Second Mémoire sur la Bibliothèque Royale, sur l'emplacement où elle pourrait être construite, et sur la meilleure disposition à donner aux grandes bibliothèques publiques. Avec une planche. (Signé : Benj. Delessert, député et membre de l'Institut. Paris, 1er juin 1838). — *Paris, A. Gratiot et Cie*, 1er juin 1838, in-4° de 10 p.

453. **Lusson** (A. L.). — Projet de réunion du Louvre aux Tuileries en introduisant dans les plans de MM. Percier et Fontaine la Bibliothèque Royale et des galeries pour l'exposition des produits de l'industrie, par A. L. Lusson, architecte des travaux publics,... — *Paris, A. L. Lusson, imp. chez P. Renouard, rue Garancière, n° 5,* 1838, in-4° de 17 p. et 2 planches.

454. **Lusson** (A.-L.). — Corollaire sur le projet de réunion du Louvre aux Tuileries en introduisant dans les plans de MM. Percier et Fontaine la Bibliothèque Royale et des galeries pour l'exposition des produits de l'industrie, par A.-L. Lusson, architecte des Travaux publics,... (janvier 1839). — *(Paris), imp. chez Paul Renouard, (s. d.,)* in-4° de 4 p. [Inv. Réserve. Q. 423

455. **Mauduit** (A. F.). — Description d'un projet de Bibliothèque composé à Rome en 1833, pour la ville de Paris; par A. F. Mauduit, architecte de feu l'Empereur Alexandre Ier,... avec l'exposé des idées de l'auteur pour le meilleur parti à tirer de l'emplacement compris entre les Tuileries et le Louvre. — *Paris, typ. de Firmin-Didot frères,* janvier 1839, in-8° de 36 p. [Inventaire. Q. 7460

Dans son projet, l'auteur assignait à la Biblioth. royale l'emplacement du Carrousel.

456. **Gauché.** — Divers projets d'édifices proposés en 1841 pour transférer la Bibliothèque Royale dans le xie ou le xiie arrondissement de Paris, par Gauché, architecte, auteur d'un projet d'abattoir général à l'île des Cygnes, en 1802, pour le service des boucheries de Paris,... — *Paris, typ. Lacrampe et comp., (s. d.,)* in-fol. de 8 p. [Inv. Réserve. Q. 119

Avec les plans des emplacements proposés dans les XIe et XIIe arrondissements.

457. **Laborde** (Cte de). — De l'organisation des Bibliothèques dans Paris. 1re Lettre : La Bibliothèque royale occupe le centre topographique et in-

tellectuel de la ville de Paris. (Paris, 10 février 1845.) — *Paris, A. Franck,* 1845, in-8° de 24 p. [Inv. Réserve. Q. 293

2e Lettre : Revue critique des projets présentés pour le déplacement de la Bibliothèque royale. (Mars 1845.) — *Paris, A. Franck,* 1845, in-8° de 56 p. [Inv. Réserve. Q. 294

4e Lettre : Le Palais Mazarin et les grandes habitations de ville et de campagne au dix-septième siècle. — *Paris, A. Franck,* 1846, gr. in-8° de 408 p. [Inventaire. Q. 949

La seconde partie de la 4e lettre se compose de notes fort curieuses, mais elle a été tirée à plus petit nombre que la première, 150 exemplaires, pour des raisons que l'auteur indique en tête du sommaire des notes. Celles-ci occupent les pp. 121 à 408 en petit texte à 2 col. — Dans les exempl. sans les notes, les p. 121-124 contiennent une table des chap. et un sommaire des notes qui ont été tirées à petit nombre.

8e Lettre : Étude sur la construction des Bibliothèques (avril 1845). — *Paris, A. Franck,* 1845, in-8° de 52 p. [Inv. Réserve. Q. 296

Ces quatre lettres sont ornées de fleurons, vignettes, etc. — Les lettres 3, 5, 6 et 7 n'ont pas été imprimées.

458. **Mauduit** (A. F.). — Propositions pour l'achèvement des Tuileries et du Louvre, par A. F. Mauduit, architecte de feu l'Empereur Alexandre premier,... — *Paris, typ. de Firmin Didot frères,* mai 1846, in-8° de 41 p. et un plan. [Ms. 2.846. Pièces sur la Biblioth. royale.

Les travaux eussent été achevés par souscription. On aurait abandonné aux souscripteurs, à titre d'indemnité, le produit de la vente des constructions et des terrains appartenant à la Bibliothèque actuelle, rue Richelieu.

459. **Brey** (A.). — Projet pour la construction d'une Bibliothèque Royale à élever facultativement sur trois emplacements, dont deux situés place du Châtelet et l'autre à cheval sur le passage Cendrier. Par A. Brey, architecte, membre de l'Acad. Nat... de Puebla (Mexique)... — *(Paris),* 1847, *lithe Carré et fils,* in-4° de 13 p. autogr. [Inv. Réserve. Q. 425

Avec un plan de la Bibl. projetée place du Châtelet.

460. **Grille** (F.). — Lettre à M. Darreste sur le Louvre, la Bibliothèque et l'Opéra, par F. Grille. — *Paris, Techener,* 1847, in-8° de 36 p. [Inv. Réserve. Q. 824

Projet de transport de la Bibliothèque au Louvre.

461. **Marchebeus** (J.). — Plan de la Bibliothèque et de l'Opéra sur la place

du Carroussel, par M. Marchebeus, architecte du Gouvernement. (Paris, le 18 juin 1847.) — *Paris, imp. de Guiraudet et Jouaust*, 1847, in-4° de 14 p.
[Inv. Réserve. Q. 424

Avec une *Vue générale de la Bibliothèque et du théâtre de l'opéra projetés sur la place du Carrousel à Paris* et deux plans.

462. **Pautet, du Rozier** (G.). — Rapport à Son Excellence M. le comte de Salvandy, Ministre de l'Instruction Publique, sur l'organisation du personnel, la reconstruction du monument et la rédaction du Catalogue de la Bibliothèque royale, par J. Pautet, du Rozier, bibliothécaire. (Beaune [Côte-d'Or], le 1er mars 1847). — (*S. l.*), mars 1847, in-8° de 15 p. [Inv. Réserve. Q. 814

Planche.

2e édition, avec pl. [Inv. Réserve. Q. 815

Le titre de cette 2e éd. porte : *Bibliothèque Nationale. A. M. Louis-Napoléon Bonaparte, président de la République. Rapport sur l'organisation du personnel, la reconstruction du monument, ou l'emploi de la nouvelle galerie du Louvre, et la rédaction du catalogue de la Bibliothèque Nationale. — Paris, Ledoyen*, 1849, in-8° de 15 p.

463. **Guilhermy** (F. de). — République Française. Ministère de l'Instruction publique et des cultes. Rapport adressé à M. le Ministre de l'instruction publique... par le comité historique des arts et monuments, sur le projet de translation de la Bibliothèque nationale dans les galeries du Louvre (Paris, le 12 mars 1849). — *Paris, imp. de P. Dupont, (s. d.,)* in-8° de 6 p. [Q. 7472

Le rapporteur. Signé : F. de Guilhermy. — Le membre du comité remplissant par interim les fonctions de vice-président, signé : Ch. de Montalembert.

464. **Barthélemy Saint-Hilaire.** — Ministère de l'Instruction publique, des Cultes et des Beaux-Arts. Direction des sciences et des lettres. Bâtiments de la Bibliothèque Nationale. Rapport de M. Barthélemy Saint-Hilaire, membre de l'Institut, sénateur. (Paris, le 8 mai 1878). — *Paris, Imp. nationale*, 1879, in-4° de 17 p. [Lf242 75

Rapport de la commission instituée près du Ministère de l'Instr. publ. pour examiner la question de l'achat des immeubles attenant à la Bibl. Nat. (Arrêté du 8 mars 1878.) — Avec un plan d'ensemble de la Bibl. Nat. et un plan de détail des maisons particulières à acquérir.

465. **Préseau** (Victor-Charles). — Mon idée pour isoler, achever et dé-

mocratiser la Bibliothèque Nationale. — *Paris, imp. Richard et Cie*, 31 janvier 1879, in-8° de 18 p. [8° Q. Pièce. 153

L'auteur propose d'organiser une loterie européenne au moyen des diamants de la couronne et de prélever sur le produit de cette loterie les fonds nécessaires pour l'achèvement et la reconstitution de la Bibliothèque.

466. **Labrouste** (Léon). — La Bibliothèque Nationale, son début et ses accroissements, ses bâtiments et ses constructions, ses agrandissements, ses travaux, par Léon Labrouste, architecte du gouvernement. — *Paris, imp. H. Lutier*, 1885, in-8° de 94 p. [Réserve. p. Q. 41

N'a pas été mis en vente.

VIII. — PARTIE ADMINISTRATIVE.

15 Septembre 1719.

467. ***Provisions*** de la charge de bibliothécaire du roy, accordées le 15 septembre 1719 au sieur abbé Bignon, conseiller d'État ordinaire, au lieu et place du feu sieur abbé de Louvois. — *Paris, imp. de Laurent Rondet (s. d.)*, in-4° de 8 p. [Inv. Réserve. Q. 415

(Mq. pages 3-6.) — Et dans la collection N. Delamare. Ms. Fr. 21742. La même pièce contient en outre :

Janvier 1720.

1° Édit du roy, portant réunion de la charge de garde de la librairie du Cabinet du Louvre, cour et suite de Sa Majesté, remplie par le sieur Dacier, à la charge de bibliothécaire du roy, dont est pourvu le sieur abbé Bignon. (Donné à Paris au mois de janvier 1720).

Mars 1720.

2° Édit du roy pour la réunion de la charge de garde de la bibliothèque de Fontainebleau, vacante par la mort du sieur de Sainte-Marthe, à la charge de bibliothécaire du roy, dont est pourvu le sieur abbé Bignon (Donné à Paris au mois de mars 1720).

Le même édit. — *Paris, Louis-Denis de La Tour*, 1720, in-4° de 4 p.; dans la collection N. Delamare Ms. Fr. 21742.

Janvier 1720.

468. ***Édit*** du roy, portant réunion de la charge de garde du Cabinet par-

ticulier des livres au Louvre, à celle de maistre de la librairie et garde de la Bibliothèque du roy. — *Paris, Louis-Denis de La Tour,* 1720, in-4° de 4 p.

Dans la collection N. Delamare. Ms. Fr. 21742.

11 Octobre 1720.

469. ***Arrest*** du Conseil d'Estat du roy, concernant la bibliothèque de Sa Majesté. Du 11 octobre 1720. Extrait des registres du Conseil d'Estat. — *Paris, imp. Laurent Rondet,* (*s. d.*), in-4° de 7 p.

Dans la collection N. Delamare, Ms. Fr. 21742.

Arrêt important composé de IX articles. — Il prescrit d'admettre dans la Bibliothèque du Roi « tous les sçavants de toutes les nations, en tout temps, aux jours et heures qui seraient réglés par le bibliothécaire » et le public une fois par semaine. — Il menace de 1,500 livres d'amende les libraires qui n'auraient pas fait le dépôt exigé. Le nombre d'exemplaires à déposer est réduit à deux, au lieu de trois, précédemment requis, mais l'un des deux doit être en grand papier. — Il s'occupe aussi de la vente des doubles en vue d'acheter avec son produit les volumes faisant défaut.

27 Décembre 1726.

470. ***Arrêt*** du Conseil d'État du Roy, qui ordonne que les papiers trouvés sous les scellés des nommés Berthier et d'Ille seront portés à la Bibliothèque de Sa Majesté. — *Paris, imp. Royale,* 1726, 3 p. in-4°.

[Arch. nat. A. D. VIII, 1

10 Octobre 1788.

471. ***Arrêt*** du Conseil d'État du Roi, qui attache irrévocablement à la Chancellerie de France une bibliothèque de législation, administration, histoire et droit public; règle la destination, pourvoit à l'entretien et aux accroissements de ladite bibliothèque, et en assure la communication à tous les départements des ministres de Sa Majesté. — *Paris, imp. Royale,* 1788, in-4° de 8 p.

472. ***Bibliothèque du Roi.*** — Rapport du comité des finances. — *Paris, Baudouin,* 1789, in-8° de 8 p. [Le[29]. 1986

Par lequel on propose de réduire le budget de la Bibliothèque.

5-19 Septembre 1790.

473. ***Décret*** réduisant provisoirement à 110,000 livres la dépense de la Bibliothèque du Roi. — *Imp. Royale,* 1790, in-8° de 2 p. [Collection Tourneux

3 Septembre 1790.

474. ***Proclamation*** du roi, sur le décret de l'Assemblée Nationale du 3 sep-

tembre 1790, qui réduit provisoirement la dépense de la Bibliothèque du Roi et celle de l'Observatoire. — *Paris, de l'Imp. Royale,* 1790, 2 p. in-4°.
[Arch. nat. A. D. VIII, 15

22 Juin 1793.

475. ***Décret*** de la Convention nationale du 22 juin 1793 portant qu'il sera remis à la Bibliothèque Nationale une collection complète des travaux passés et à venir de toutes les Assemblées nationales. — *Paris, Imp. Nationale exécutive du Louvre,* 1793, in-4° de 2 p. [Arch. nat. A. D. VIII, 15

10 Germinal an III (30 Mars 1795).

476. ***École*** spéciale de langues orientales à la Bibliothèque Nationale. Loi portant qu'il sera établi dans l'enceinte de la Bibliothèque Nationale une école publique destinée à l'enseignement des langues orientales. Du 10 Germinal an III de la République française... — *Paris, imp. de la République,* Prairial, an IV, in-fol. plano. [X. 1287

On y a joint le programme des cours de l'an IX et celui de l'année scolaire 1867-1868.

20 Prairial an III (8 juin 1795).

477. ***Loi*** qui ordonne l'exposition des antiques à la Bibliothèque Nationale et établit des cours publics sur les inscriptions et médailles. Du 20 prairial, an troisième de la République française. — *Paris, de l'imp. du Dépôt des Lois, (s. d.),* 1 feuille in-4° plano. [Arch. nat. A. D. VIII, 15

12 Fructidor an IV (29 Août 1795).

478. ***Règlement*** pour la Bibliothèque Nationale (12 Fructidor an IV [Signé : Benezech].) — *Paris, imp. de la République,* Vendémiaire, an V, 1 f. in-fol. plano. [Inv. Q. 245

12 Fructidor an IV (29 Août 1795).

479. ***Règlement*** pour la Bibliothèque Nationale, le 12 Fructidor, an 4e. Signé : Benezech. — *Paris, imp. de la République (s. d.),* in-8° de 16 p.
[Inv. Réserve. Q. 765

La place de bibliothécaire de la Bibliothèque Nationale supprimée. — Organisation d'un conservatoire. — Un Directeur, pris parmi les conservateurs, est élu par le Conservatoire.

28 Septembre 1795.

480. **Villar.** — Rapport et projet de décret présentés au nom du Comité d'instruction publique sur l'organisation de la Bibliothèque Nationale, dans la séance du 6 Vendémiaire an IV (28 septembre 1795), par Villar, dé-

puté de la Mayenne, imprimés par ordre de la Convention. — *Imp. Nationale,* Vendémiaire, l'an IV, in-8° de 10 p. [Le38. 1679

Brumaire (Novembre 1795).

481. ***Extrait*** du règlement pour la Bibliothèque Nationale (12 Fructidor an 4• [Signé : Benezech]). — *Paris, imp. de la République,* Brumaire an V, 1 f. in-fol. plano.

An IV. — 1847.

482. ***Recueil*** des décret, ordonnances, arrêtés et règlements concernant le régime de la Bibliothèque Royale (an IV — 1847). — *Paris, imp. de Guiraudet et Jouaust,* 1848, in-8° de 106 p.

[Inv. Q. 7469

Recueil allant du 6 Vendémiaire an IV au 5 janvier 1848.
Détail du Recueil :

6 Vendémiaire an IV (28 septembre 1795).

1° ***Rapport*** présenté au nom du comité d'instruction publique, sur l'organisation de la Bibliothèque Nationale, par Villar, député de la Mayenne. — 7 p. in-8°.

25 Vendémiaire an IV (17 octobre 1795.)

2° ***Décret*** sur l'organisation de la Bibliothèque Nationale. — Administration de la bibliothèque par un conservatoire de 8 membres.

12 Brumaire an IV (5 Novembre 1795).

3° ***Extrait*** des procès-verbaux des séances du Conservatoire de la Bibliothèque Nationale établissant le traitement des fonctionnaires de chaque département.

1er Vendémiaire an IX (23 Septembre 1800).

4° ***Arrêté*** du ministre de l'Intérieur statuant qu'il sera attaché à chaque établissement public un administrateur *personnellement comptable et responsable.*

28 Vendémiaire an IX (20 Octobre 1800).

5° ***Arrêté*** du Ministre de l'Intérieur nommant Capperonnier administrateur de la Bibliothèque Nationale et plusieurs conservateurs (Signé : Lucien Bonaparte.)

1er Frimaire an IX (22 Novembre 1800).

6° Lettre du Ministre de l'Intérieur limitant l'autorité de l'administrateur. (Signé : Chaptal.)

13 Pluviôse an XII (3 Février 1804).

7° ***Arrêté*** du Ministre de l'Intérieur à l'effet de faire réintégrer dans les collections de la Bibliothèque Nationale tous les objets qui en auraient été distraits pour être prêtés et défendant à l'avenir tout prêt au dehors. (Signé : Chaptal).

9 Ventôse an XII (29 Février 1804).

8° ***Lettre*** du Ministre de l'Intérieur apportant un tempérament à l'arrêté du 13 Pluviôse et autorisant le prêt à l'extérieur pour « les savants et autres personnes très connues. »

7 Janvier 1813.

9° ***Arrêté*** du Ministre de l'Intérieur réglant le prêt des livres dans les bibliothèques de Paris. (Signé : Montalivet.)

31 Décembre 1828.

10° ***Règlement*** pour la Bibliothèque Royale. (Signé : de Martignac.)

1829-1830.

11° ***Rapport*** au roi à l'effet d'augmenter l'influence du président du Conservatoire de la Bibliothèque et de réduire à quatre le nombre des départements. (Signé : Guizot).

Novembre 1832.

12° État de la Bibliothèque.

19 Juin 1834.

13° ***Ordonnance*** ouvrant au ministre de l'instruction publique un crédit supplémentaire pour achat de médailles en remplacement de celles volées à la Bibliothèque Royale.

22 Février 1839.

14° ***Rapport*** au roi proposant la séparation définitive de l'administration, de la délibération et de la comptabilité dans la Bibliothèque, l'extension des attributions du Conservatoire et la réduction du nombre des conservateurs à un seul par département. (Signé : Salvandy.)

22 Février 1839.

15° ***Ordonnance*** du roi relative à l'organisation de la Bibliothèque. La Bibliothèque divisée en six départements, chaque département en sections. Deux départements nouveaux : service public et cartes géographiques. Nomination des conservateurs par le roi, des bibliothécaires par le ministre. (Signé : Louis-Philippe).

2 Juillet 1839.

16° *Ordonnance* du roi concernant la Bibliothèque. Quatre départements. La section géographique rattachée aux estampes. Deux conservateurs par département formant, sous la présidence du directeur, le conseil d'administration de la Bibliothèque. (Signé : Louis-Philippe.)

8 Septembre 1847.

17° *Arrêté* instituant une commission pour examiner les travaux de catalogue du quatrième département de la Bibliothèque Royale, section des estampes. (Signé : Salvandy).

21 Octobre 1847.

18° *Arrêté* instituant une commission pour examiner le mode de publication du complément de l'ouvrage de M. Champollion le jeune, intitulé : « Antiquités de l'Égypte et de la Nubie. » (Signé : Salvandy.)

5 Janvier 1848.

19° *Rapport* au roi et nomination de la commission chargée d'examiner l'organisation et le régime de la Bibliothèque Royale. (*Moniteur* du 5 janvier 1848. [Signé : Salvandy]).

13 Germinal an VII (2 Avril 1799).

483. (N° 2795). *Arrêté* du Directoire exécutif, qui prescrit des mesures provisoires pour la sûreté de la Bibliothèque Nationale. Du 13 Germinal (an VII [Signé : P. Barras et Lagarde]). — (*s. l. n. d.*), in-4° de 2 p.

[Arch. nat. A. D. VIII, 15

29 Frimaire an IX.

484. (N° 443) *Arrêté* qui nomme le Cen Dacier garde des manuscrits français de la Bibliothèque Nationale. Du 29 Frimaire, an IX de la République. (Signé : Bonaparte, Maret et Chaptal). (*S. l. n. d.*), in-4° de 1 p.

Arch. nat. A. D. VIII, 15

M. Dacier est nommé en remplacement de Legrand d'Aussy.

Avril 1811.

485. *Extrait* du Règlement de la Bibliothèque Impériale. — *Paris, Imp. Impériale,* avril 1811, 1 f. in-fol. [Inv. Réserve. Q. 116

2 novembre et 31 décembre 1828.

486. ***Ordonnance*** du roi et règlement concernant la Bibliothèque du Roi (1828). — *Paris, Imp. Royale,* 1829, in-8° de 16 p. [Inv. Réserve. Q. 788

Ordonnance du 2 novembre 1828. — Arrêté du 31 décembre 1828.
Le nombre de départements de la Bibliothèque est fixé à cinq, la section de géographie formant un département distinct. — Chaque département est confié à un conservateur-administrateur secondé de un ou plusieurs conservateurs adjoints. — Les cinq conservateurs se réunissent pour former le « Conservatoire de la Bibliothèque du Roi. »

31 décembre 1828.

487. ***Extrait*** du Règlement de la Bibliothèque du Roi. [Paris, le 31 décembre 1828 [Signé : de Martignac]). — *Paris, Imp. royale,* mai 1829, 1 feuille in-fol.

13 octobre 1830.

488. ***Mémoire*** présenté au Gouvernement et aux Chambres par le Conservatoire de la Bibliothèque du Roi et relatif à l'état et aux besoins de cet établissement. (Fait et arrêté au Conservatoire, à Paris, le 13 octobre 1830. [Certifié : Van Praet]). — *(Paris), Imp. Royale,* décembre 1830, in-8° de 19 p. [Inv. Q. 7456

Mémoire rédigé à l'effet d'obtenir une augmentation des fonds ordinaires et annuels de la Bibl. montant à 50,000 fr.

14 novembre 1832.

489. ***Ordonnance*** du Roi et règlement concernant la Bibliothèque Royale [Fait à Paris le 14 novembre 1832 et le 26 mars 1833. Signé : Louis Philippe-Guizot.] — *Imp. Royale,* avril 1833, in-8° de 38 p.
[Ms. 2846. Pièces sur la Biblioth. royale

Admission des conservateurs-adjoints au Conservatoire. Création d'un secrétaire-trésorier. — Nomination du directeur par le Roi. — La section de géographie réunie au Cabinet des estampes.

26 mars 1833.

490. ***Extrait*** du Règlement de la Bibliothèque Royale arrêté par le Ministre de l'Instruction publique, le 26 Mars 1833. — *Imp. Royale,* avril 1833, in-8° de 14 p. [Inv. Q. 7458

26 mars 1833.

491. ***Extrait*** du Règlement de la Bibliothèque Royale. (A Paris, ce 26 mars 1833. [Signé : Guizot.]) — *Imp. Royale,* mai 1833, 1 f. in-fol.
[Inv. Réserve. Q. 117

5-25-mars 1839.

492. ***Lettres*** des conservateurs de la Bibliothèque Royale sur l'ordonnance du 22 février 1839, relative à cet établissement. — *Paris, imp. de H. Fournier et Cie*, 1839, in-8° de 27-52 et 63 p. [Lf242. 29

Avec pièces justificatives.

Lettres des 5 et 25 mars 1839. La 3e n'est pas datée. — Les conservateurs signataires de ces lettres s'élèvent contre l'ordonnance de 1839 «qui porte à la Bibliothèque royale un coup funeste.»

30 septembre 1839.

493. ***Ordonnance*** du Roi et Règlement concernant la Bibliothèque Royale (1839). — *Paris, imp. de P. Dupont, (s. d.,)* in-8° de 20 p. [Inv. Q. 7459

Fait à Paris, le 30 septembre 1839. — Signé : Villemain. — Cette ordonnance a été imprimée dans *Intelligenz-Blatt zum Serapeum.* 30 juin 1847, n° 12.

20 janvier 1840.

494. **Letronne**. — Rapport adressé à M. le Ministre de l'Instruction publique sur le chauffage des salles de la Bibliothèque Royale destinées à l'étude. (Paris, le 20 janvier 1840 [Signé : Letronne]). — *Paris, P. Dupont et Cie*, 1840, in-8° de 8 p. [Lf242. 32

495. ***Cours*** d'archéologie près la Bibliothèque du Roi. — *Imp. royale,* 1845, 1 feuille in-fol. (Inv. Réserve. Q. 118

Affiche annonçant l'ouverture du cours d'archéologie pour l'année scolaire 1845-1846.

15-17 mai 1847.

496. ***Bibliothèque Royale.*** Extraits du Moniteur des 13 et 17 mai (1847). — *Paris, imp. de P. Dupont, (s. d.,)* in-8° de 14 p. [Inv. Q. 7465

1° *Lettre de M. Naudet, directeur de la Bibl. roy. à M. le Ministre de l'Instruction publique,* du 10 mai 1847. — Sur les fonds affectés aux catalogues et sur le prêt des livres. (A propos d'une discussion du 7 mai à la Chambre des Députés et de certaines paroles de M. de Lasteyrie.)

2° *Lettre de M. Ferdinand de Lasteyrie, député, adressée au rédacteur en chef du* Moniteur, du 15 mai 1847, où il soutient ce qu'il avait avancé à la tribune, principalement l'abus résultant du prêt des livres à la Bibliothèque. — Note insérée à la suite de la lettre qui précède.

10 avril 1854.

497. ***Bibliothèque Impériale.*** Extrait du Règlement. Articles modifiés par arrêté ministériel du 10 avril 1854. (Signé : Naudet).— *Paris, imp. Guiraudet et Jouaust,* 1 feuillet gr. in-8° plano.

22 décembre 1855. — 22 mars 1856. — 1er août et 12 novembre 1856.

498. ***Archives*** de l'Empire. Décrets organiques et règlement. — *Paris, Imp. Impériale,* novembre 1856, in-8° de 27 p. [Arch. de la Biblioth. nat.

(Décrets du 22 décembre 1855, du 22 mars 1856 et du 1er août 1856. — Règlement du 12 novembre 1856.)

14 juillet 1858.

499. ***Préfecture*** du département de la Seine. — Direction des Domaines. — Adjudication aux enchères publiques, en un seul lot, le mercredi 14 juillet 1858, à une heure précise de relevée, de matériaux à provenir de la démolition de plusieurs bâtiments dépendant de la Bibliothèque impériale et situés à Paris, à l'angle des rues de Richelieu et Neuve des Petits Champs, 2e arrondissement. — *Paris, imp. de Martinet,* (1858), une feuille in-fol. [Inv. Réserve. Q. 121

Fait... à Paris, le 21 juin 1858. (Signé : d'Origny.) — Approuvé. Paris, le 22 juin 1858. (Signé : G.-E. Haussmann.)

500. ***Décret*** et règlement concernant la Bibliothèque impériale. — *Paris, imp. de Ad. Lainé, (s. d.,)* in-8° de 19 p. [Inv. Réserve. Q. 858

Le Décret porte : Fait à Plombières, le 14 juillet 1858. (Signé : Napoléon.) — Le Règlement porte : Fait à Paris, le 5 mai 1868. (Signé : V. Duruy.)

Il y a pour le service de la Bibliothèque impériale un conservateur sous-directeur et un conservateur sous-directeur adjoint par département... Le personnel se compose en outre : de bibliothécaires, d'employés... de surnuméraires et auxiliaires.

501 ***Décret*** concernant la Bibliothèque Nationale. Décret organique du 14 juillet 1858. — *Paris, typ. Chamerot, (s. d.,)* in-8° de 8 p. [Arch. de la Biblioth. nat.

502. **Mérimée.** — Rapport... sur les modifications à introduire dans l'organisation de la Bibliothèque Impériale.

(Voy. n° 155).

503. (**Rouland**). — Rapport à l'Empereur par S. Exc. le Ministre de l'Instruction publique et des Cultes sur la réorganisation de la Bibliothèque Impériale et décret y annexé. (Signé : Rouland.) — *Paris, typ. de Ad. Lainé et J. Havard, (s. d.,)* in-8° de 16 p. [Arch. de la Biblioth. nat.

Le décret porte : Fait à Plombières, le 14 juillet 1858.

504. ***Bibliothèque Nationale.*** Extrait du règlement ministériel. — *Paris, typ. G. Chamerot, (s. d.,)* 1 f. in-fol.

Autre extrait. Paris, (s. d.)

Avril 1860.

505. (**Rouland**). — Ministère de l'Instruction publique et des Cultes. Bibliothèque Impériale. Rapport à l'Empereur (avril 1860). [Signé : Rouland]). — *Paris, imp. de P. Dupont, (s. d.,)* in-4° de 20 p. [Arch. de la Biblioth. Nat.

1865.

506. ***École*** impériale et spéciale des langues orientales vivantes près la Bibliothèque Impériale... Année scolaire 1865-1866. — *Imp. impériale*, 22 novembre 1865, affiche in-4°. [Arch. de la Biblioth. Nat.

Programme des cours.

1868.

507. ***Règlement*** de la Bibliothèque Nationale (1868). — *Paris, typ. G. Chamerot, (s. d.,)* in-8° de 24 p. [Arch. de la Bibliot. Nat.

5 mai 1868.

508. ***Bibliothèque Impériale.*** Extrait du Règlement arrêté par S. Exc. le Ministre de l'Instruction publique (5 mai 1868). Dispositions concernant la salle publique de lecture du département des imprimés. — *Paris, typ. de Ad. Lainé et J. Havard, (s. d.,)* 1 f. in-fol.

509. ***Bibliothèque Impériale.*** Extrait du règlement arrêté par S. Exc. le Ministre de l'Instruction publique (5 mai 1868). Dispositions concernant les salles de travail et en particulier les salles de travail du département des imprimés, cartes et collections géographiques. — *Paris, typ. de Ad. Lainé et J. Havard, (s. d.,)* 1 f. in-fol.

Autre extrait du même règlement « concernant en particulier la salle de travail du département des manuscrits. »

Autre « concernant en particulier la salle de travail du département des médailles, pierres gravées et antiques. »

30 septembre 1872.

510. ***Direction*** de la Bibliothèque Nationale. Département des Médailles, Pierres gravées et antiques. Le Ministre de l'Instruction publique, des Cultes et des Beaux-Arts, vu... Arrête : [Fait à Paris, le 30 septembre 1872]. (Signé : Jules Simon). — *Paris, (s. d.,) typogr. G. Chamerot*, 1 feuille in-fol. plano. [Arch. de la Biblioth. Nat.

Arrêté ministériel portant modification des art. 90, 91 et 95 du règlement de la Bibliothèque Nationale, relatifs à la communication des médailles.

1874.

511. ***Règles*** pour la confection des cartes. — (*S. l.* [1874]), in-8° de 15 p. autogr. [Arch. de la Biblioth. Nat.

512. ***Rapports*** sur le service des archives de la Bibliothèque Nationale et des missions pendant l'année 1876.

(Voy. n° 160.)

2 janvier 1877.

513. ***Condamnation*** du sieur A... à deux ans d'emprisonnement pour vol d'estampes à la Bibliothèque nationale. Jugement rendu le 2 janvier 1877 par le Tribunal de la Seine, 11e Chambre (Police correctionnelle).

Arrêt rendu le 1er février 1877 par la Cour d'appel de Paris (Chambre des appels de police correctionnelle). — *Imp. Nationale,* mars 1877, affiche in-fol. [Arch. de la Biblioth. nat.

L'arrêt du 1er février confirme le jugement du 2 janvier.

1er juin 1877.

514. **Watteville** (le baron de). — Ministère de l'Instruction publique, des Cultes et des Beaux-Arts. Direction des sciences et des lettres. Service de la photographie. Rapport de M. le baron de Watteville, directeur des sciences et des lettres, et pièces à l'appui. (Paris, 1er juin 1877). — *Paris, Imp. nationale,* 1877, in-4° de 30 p. [Arch. de la Biblioth. nat.

Suit : 1° Arrêté ministériel autorisant et organisant le service de la photographie dans les établissements scientifiques et littéraires dépendant du Ministère de l'Inst. publ. (Fait à Paris, le 1er juin 1877. [Signé : Joseph Brunet.]) — 2° Instructions pour l'application du règlement sur l'emploi de la photographie dans les établissements... etc. (Paris, le 30 juin 1877. [Signé : le Ministre Joseph Brunet.]) — 3° Arrêté instituant une Commission consultative et permanente et déterminant ses attributions. (Fait à Paris, le 10 juillet 1877. [Signé : Joseph Brunet.])

1883.

515. **Robert** (Ulysse). — Recueil de lois, décrets, ordonnances, arrêtés, circulaires, etc., concernant les bibliothèques publiques, communales, universitaires, scolaires et populaires, publié sous les auspices du Ministère de l'Instruction publique, par Ulysse Robert. — *Paris, H. Champion,* 1883, in-8° de 258 p. [8° F. 3148

Bibliothèque Nationale : dans l'Appendice, p. 246.

1885.

516. **Richou** (Gabriel). — Répertoire du droit administratif. Traité de l'Administration des bibliothèques publiques, par Gabriel Richou, archiviste-paléographe... Historique. — Organisation. — Législation. — *Paris, P. Dupont,* 1885, in-8° de VIII-421 p. [8° F. 4070

Bibliothèque Nationale : p. 113-193.

Avec index pour la législation. — Index bibliographique et table alphabétique.

17 juin 1885.

517. ***Décret*** concernant la Bibliothèque Nationale. Décret de réorganisation du 17 juin 1885. (Signé : Jules Grévy). — *Paris, typ. Chamerot,* in-8° de 8 p. [Arch. de la Biblioth. nat.

Création du grade de sous-bibliothécaire ; institution d'examens d'aptitude; conservateurs-adjoints au Comité consultatif.

518. ***Bibliothèque Nationale.*** Programme des examens d'admission au bureau du Catalogue. — (*S. l. n. d.,*) 1 feuille in-8° autogr.

519. ***Bibliothèque Nationale.*** Département des Imprimés. Programme de l'examen des candidats au titre de stagiaire. — (*S. l. n. d.,*) 1 feuille in-4° autogr.

520. ***Bibliothèque Nationale.*** Département des Imprimés. Programme de l'examen des candidats au titre de sous-bibliothécaire. — (*S. l. n. d.,*) 1 feuille in-4° autogr.

521. ***Bibliothèque Nationale.*** Département des Manuscrits. Programme de l'examen des candidats au titre de stagiaire. — (*S. l. n. d.,*) 1 feuille in-4° autogr.

522. ***Bibliothèque Nationale.*** Département des Manuscrits. Programme de l'examen des candidats au titre de sous-bibliothécaire. — (*S. l. n. d.,*) 1 feuille in-4° autogr.

523. ***Bibliothèque Nationale.*** Département des Estampes. Programme de l'examen des candidats au titre de stagiaire. — (*S. l. n. d.,*) 1 feuille in-4° autogr.

524. ***Bibliothèque Nationale.*** Département des Estampes. Programme de l'examen des candidats au titre de sous-bibliothécaire. — (*S. l. n. d.,*) 1 feuille in-4° autogr..

525. ***Bibliothèque Nationale***. Département des Médailles et Antiques. Programme de l'examen des candidats au titre de stagiaire. — (*S. l. n. d.,*) 1 feuille in-4° autogr.

526. ***Bibliothèque Nationale***. Département des Médailles et antiques. Programme de l'examen des candidats au titre de sous-bibliothécaire. — (*S. l. n. d.,*) 1 feuille in-4° autogr.

Examens institués par le décret de réorganisation de la Biblioth. nationale du 17 juin 1885. — Ces programmes sont communiqués par l'administration aux intéressés qui en font la demande.

26 avril 1888.

527. ***Condamnation*** du sieur C... à une année d'emprisonnement pour vol de manuscrits à la Bibliothèque Nationale. Jugement rendu le 26 avril 1888 par le Tribunal de la Seine, 10e chambre (Police correctionnelle). — *Imp. nationale,* mai 1888. Affiche in-8°. [Arch. de la Biblioth. nat.

528. ***Régiment*** de sapeurs-pompiers de Paris. Consigne particulière du poste de la Bibliothèque Nationale. Moyens de secours disposés dans l'intérieur. (Le colonel... [signé Villerme]. — *Paris, typ. G. Chamerot, (s. d.,)* 1 f. in-fol.

IX. — Affaire Libri

Les principales ventes de livres imprimés ou manuscrits que Libri fit pendant son séjour en Angleterre, donnèrent lieu à la publication des catalogues suivants :

529. ***Notice*** de la vente de la grande et belle bibliothèque de M. L*** (Libri). — (*S. l.*), *Imp. Maulde et Renou, (s. d.,)* in-8° de 15 p.

Prospectus de vente.

530. **Libri.** — Catalogue of very fine, important, and valuable books, selected from the library of an eminent literary character (Libri),... which will besold,... on monday, February 19th 1849, and four following days,... — (*Londres*), *S. Leigh Sotheby and Co,* (1849,) in-8° de 96 p. [Q. Δ 8669

1023 art. — Prix marqués. — A cette vente, qui commença le 19 février 1849, figurèrent les précieux mss. de l'abbaye de Stavelot que Libri avait fait acheter à Gand en 1847.

531. **Libri.** — Catalogue of the extensive, curious and valuable library and manuscripts of an eminent collector, to be sold by auction on thurs-

day, febr. 21 st. 1850 and following days. — *London, Puttick and Simpson,* 1850, in-8° de 152 p.

1848 nos. — Les mss. sont tous orientaux; les papiers de Klaproth y sont compris.

532. **Libri.** — Catalogue of a valuable assemblage of choice fine books, and illustrated works, comprising the concluding portion of the library of an eminent collector,... — (*London,* 1858,) in-8° de 100 p.

Vente commençant le 17 juin 1858.

533. **Libri.** — Catalogue of the extraordinary collection of splendid manuscripts chiefly upon vellum, in various languages of Europe and the East, formed by M. Guglielmo Libri, the eminent collector, who is obliged to leave London in consequence of ill health and for that reason to dispose of his literary treasures... — *London,* 1859, gr. in-8° de L et 260 p. avec 37 planches. [4° Q. 2

Vente commençant le 28 mars 1859. — La préface de ce catalogue a été publiée en français. (Voy. le n° suivant.)

534. **Libri.** — Introduction au catalogue des manuscrits de M. Libri. (Londres, 1er janvier 1859. [Signé : G. Libri].) — *Londres,* 1859, in-8° de XXI p.

535. **Libri.** — Catalogue of the choicer portion of the magnificent library formed by M. Guglielmo Libri, so eminent as a collector, who is leaving London in consequence of ill health, and solely for that reason disposing of his literary treasures... — *London,* 1859, gr. in-8° de XX et 380 p. [4° Q. 2

Vente commençant le 1er août 1859. — La préface de ce catalogue a été publiée en françals. (Voy. le n° suivant.)

536. **Libri.** — Introduction au catalogue des livres imprimés de M. Libri. (Traduction.) (Bath, juillet 1859. [Signé : G. Libri]). — *Paris, imp. L. Martinet,* 1859, in-8° de XVIII p. [Inv. Réserve. Q. 441

La couverture imprimée porte : « Catalogue de la plus belle partie de la magnifique bibliothèque formée par M. Guillaume Libri, le célèbre collecteur (*sic*), qui quitte Londres pour cause de mauvaise santé et pour cette raison met en vente ses Trésors littéraires... La vente se fera à Londres... le lundi 1er août 1859 et les douze jours suivants... »

537. **Libri.** — Catalogue of the mathematical, historical, bibliographical et miscellaneous portion of the celebrated library of M. Guglielmo Libri.

Part I. A-L. Part II. M-Z,... which will be sold... the 25th April, 1861, and eleven following days... — *London, S. Leigh Sotkeby and J. Wilkinson, (s. d.,)* 2 vol. in-8° de XXXI-475 et 324 p. [Inv. Réserve. Q. 442-443

7628 art. — Préface, avec la traduction française, signée G. Libri, 7 mars 1861.—Catalogue divisé en deux parties, la première répondant à une vente qui commença le 25 avril 1861, et la seconde à une vente qui commença le 18 juillet suivant.

538. **Libri.** — Catalogue of the reserved and most valuable portion of the Libri collection, containing one of the most extraordinary assemblages of ancient manuscripts and printed books ever submitted for sale... —*London,* 1862, gr. in-8° de IV et 185 p. [4° Q. 2

Vente commençant le 25 juillet 1862. — Il existe une édition de ce catalogue en français. (Voy. le n° suivant.)

539. **Libri.** — Catalogue de la partie réservée et la plus précieuse de la collection Libri. (Épreuves.) — (*Londres, s. d.,*) in-8° de 143 p.
[Inv. Réserve. Q. 443 *bis.*

540. **Libri.** — Monuments inédits ou peu connus, faisant partie du cabinet de Guillaume Libri, et qui se rapportent à l'histoire de l'ornementation chez différents peuples. — *Londres,* 1862 (aussi 1864), gr. in-fol.

60 belles planches en chromolith., or et couleurs, contenant de splendides fac-simile. — *Londres,* 1864, in-fol. de 14 p. et 60 planches.
Il existe une édition de cet ouvrage en anglais. — C'est à des articles compris dans la vente de 1862 que se rapportent la plupart des notices et des planches ci-dessus mentionnées.

541. **Libri.** — Catalogue of the magnificent collection of precious manuscripts and objects of art and vertu of M. Guglielmo Libri... — *London,* 1864, in-4° de 44 p. plus 15 planches.

Vente commençant le 1er juin 1864. — On a publié en français un abrégé de ce catalogue : *Abrégé du catalogue de la magnifique collection d'objets d'art, de manuscrits à miniature et de dessins appartenant à M. G. Libri...* — Londres, 1864, in-4° de 8 p.

Pour trois de ces ventes, celles du 28 mars et du 1er août 1869 et celle du 25 juillet 1862 (3°, 4° et 6°), on a publié une liste des prix et des noms des acquéreurs, qui, entre autres avantages, a celui de nous faire connaître les nombreux manuscrits de Libri qui ont été achetés par sir Thomas Philipps. Elle est ainsi intitulée :

The Libri collection of books and manuscripts. Prices and Purchasers' names to the catalogues of the Collection of manuscripts..., the Choicer portion of the library..., and the Reserved portion of the ancient manuscripts and printed books... — London, 1868, in-8° de 48 p.

542. **Libri.** — The Libri collection of books and manuscripts. Prices and purchasers' names to the catalogues of the "collection of manuscripts" ... "the choicer portion of the library"... and the reserved portion of the ancient manuscripts and printed books"... sold... 1859-1866. — (*London*), *Puttick and Simpson*, 1868, gr. in-8° de 48 p. [4° Q. 2

(Voy. sur la vente de Libri les articles de la *Revue des Deux Mondes* de septembre 1859 — du *Bulletin du bibliophile* de la même année, p. 681, et de juillet 1862, p. 1207.)

Catalogues de ventes faites, a Paris, de la Bibliothèque Libri.

543. **Libri.** — Catalogue d'une belle collection d'autographes provenant du cabinet de M. Gottlieb W*** (Libri), dont la vente aura lieu le mercredi 27 février 1839 et jours suivants... — *Paris, R. Merlin*, 1839, in-8° de 61 p. [Q. Δ 8662

544. **Libri.** — Catalogue des livres composant la bibliothèque d'un Ancien Oratorien (Libri), composée principalement d'ouvrages historiques et de livres en divers patois, dont la vente se fera le mercredi 29 janvier 1840 et jours suivants... — *Paris, R. Merlin*, 1840, in-8° de 80 p. [Réserve. Fonds Jullien.

Prix marqués.

545. **Libri.** — Catalogue des livres et des manuscrits, composant la bibliothèque de feu M. le professeur Bern. Lori (Libri), dont la vente se fera du mardi 21 avril au jeudi 7 mai 1840... — *Paris, R. Merlin*, 1840, in-8° de 115 p. [Q. Δ 8661

546. **Libri.** — Catalogue d'autographes, manuscrits, documents historiques et livres, composant les collections de M. G*** dont la vente aura lieu le 2 février prochain et jours suivants,... 1re partie. Autographes. — *Paris, J. Techener*, 1846, in-8° de 47 p.

La 2e partie, Manuscrits, porte « dont la vente aura lieu les 6 et 7 février prochain et jours suivants. »

547. **Libri.** — Catalogue de la bibliothèque de M. L*** (Libri) dont la vente se fera le lundi 28 juin 1847, et les vingt-neuf jours suivants...

Belles-lettres. — *Paris, L. C. Silvestre et P. Jannet*, 1847, in-8° de XLIII-496 p. [Inv. Réserve. Q. 920

Avec une table des divisions — l'ordre des vacations — une Liste des villes dans lesquelles se trouve le catalogue de la bibliothèque de M. L***, avec les noms des libraires qui l'auront en dépôt. — Un extrait du catalogue a été publié sous ce titre : *Notice de la vente de la grande et belle bibliothèque de M. L***.* [Paris, 1847.] In-8° de 15 p.

548. **Libri.** — Catalogue d'un bon choix de livres anciens et modernes, ouvrages curieux et rares, classiques français sur papier vélin, bien reliés ou brochés, quelques livres sur peau vélin, etc., etc., provenant de la bibliothèque de M. B. J. L*** (Libri), dont la vente aura lieu le jeudi 28 juin 1849 et jours suivants... — *Paris, P. Jannet*, 1849, in-8° de 100 p. [Réserve. Fonds Jullien

549. **Libri Carucci.** — Catalogue de livres la plupart rares et curieux provenant de la bibliothèque de M. Libri Carucci, dont la vente, prescrite par deux ordonnances de M. le président du tribunal civil de la Seine des 30 avril et 1er juillet 1853, aura lieu le jeudi 12 avril 1855 et jours suivants... — *Paris, V. Tilliard*, 1855, in-8° de IV-174 p. [Inv. Réserve. Q. 921

Les 91 derniers articles de ce catalogue se rapportent à des manuscrits.

550. **Libri Carucci.** — Catalogue de livres principalement sur les sciences mathématiques, la littérature italienne, l'histoire civile, religieuse et littéraire de l'Italie, et la bibliographie provenant de la bibliothèque de M. Libri Carucci, dont la vente... prescrite par deux ordonnances de M. le Président du tribunal civil de la Seine des 29 mars 1856 et 3 février 1857, aura lieu le 15 avril 1857 et jours suivants... — *Paris, V. Tilliard*, 1857, in-8° de III-480 p. [Inv. Réserve. Q. 922

La vente en vue de laquelle ce catalogue avait été préparé fut ajournée au mois de juillet; le catalogue en fut distribué, avec une préface ajoutée après coup et avec un nouveau titre. (Voy. le n° ci-dessous.)

551. **Libri.** — Catalogue d'une collection extraordinaire de livres, principalement sur les sciences mathématiques, la littérature italienne, l'histoire civile, religieuse et littéraire de l'Italie, la bibliographie, etc... provenant de la bibliothèque de M. Libri, dont la vente aura lieu à Paris le jeudi 2 juillet 1857 et jours suivants... — *Paris, V. Tilliard*, 1857, in-8° de 477 p. [Q. Δ 8670

552. **Libri.** — Catalogue d'une collection extraordinaire de livres principalement sur les sciences mathématiques, la littérature italienne, l'histoire civile, religieuse et littéraire de l'Italie, la bibliographie, etc..., provenant de la bibliothèque de M. Libri, dont la vente aura lieu à Paris le jeudi 2 juillet 1857 et jours suivants...— *Paris, V. Tilliard,* 1857, in-8° de 477-x et 396 p. [Réserve. Collection Jullien.

On a réuni dans le même vol. le catalogue de la deuxième partie de la vente faite le 14 octobre 1858 et jours suivants.

553. **Libri.**— Catalogue d'une collection extraordinaire de livres principalement sur les sciences mathématiques, la littérature italienne, l'histoire civile, religieuse et littéraire de l'Italie, la bibliographie, etc..., provenant de la bibliothèque de M. Libri, dont la vente aura lieu à Paris le jeudi 14 octobre 1858 et jours suivants... Deuxième partie. — *Paris, V. Tilliard,* 1858, in-8° de 396 p. [Inv. Réserve. Q. 923

Catalogues de vente de la Collection Ashburnham.

554. **Ashburnham.** — Catalogue of the Manuscripts at Ashburnham Place. Vol. I-III. — *London, printed by Ch. Fr. Hodgson,* (*s. d.*), 3 vol. in-4° de 240, 392 et 192 p. (non chiffrées). Au Département des Mss. 954-956.

T. I. — Part the first, comprising a collection formed by Professor Libri. (Ce catalogue est la reproduction de notes très abrégées que Libri avait rédigées en 1845 pour vendre sa collection et dont la Bibliothèque nationale possède la minute.) — Le fonds Libri, composé de 1,923 n^os fut acheté en 1847 pour une somme de 8,000 l. st. (200,000 fr.).

T. II. — Part the second comprising a collection formed by Mons. J. Barrois. (Ce catalogue a été rédigé par J. Holmes.) — Le fonds Barrois, composé de 702 n^os, fut acheté en 1849 pour une somme de 6,000 l. st. (150,000 fr.).

T. III. — Appendix. (Ce catalogue s'arrête au n° CCIII de l'Appendix. Il y a des feuilles supplémentaires.) — Le fonds de l'Appendix composé de mss. acquis isolément ou par petits groupes — environ 250 — a été acquis pour la somme d'environ 8,000 ou 10,000 l. st. (200,000 ou 250,000 fr.). — (Delisle, *Les Manuscrits du comte d'Ashburnham.*)

555. **Ashburnham.** — Catalogue of the important collection of manuscripts, from Stowe. Which will be sold by auction, by Messrs. S. Leigh Sotheby and Co..., on monday, 11 th. of june, 1849, and seven following days,... — (*S. l.*), *David & Sons, Printers,* 1849, in-4° de XL-252 p. [Département des Mss. 957

Le fonds Stowe, composé de 996 n^os, a été acheté en 1849 pour une somme de 8,000 l. st. (200,000 fr.).

556. **Ashburnham.** — A catalogue of the manuscripts at Ashburnham Place, 1853. — *London, printed by Ch. Fr. Hodgson.* In-fol. de 172 p. (non chiffrées.) [Département des Mss. 958

Table alphabétique des Mss. contenus dans les fonds Libri, Barrois, Stowe et Appendix.

HISTORIQUE DE L'AFFAIRE LIBRI.

557. **Boucly.** — Rapport adressé à M. le garde des sceaux Hébert par M. le procureur du roi Boucly, suivi du procès intenté par M. Libri contre le gérant du *Moniteur universel* à l'occasion de la publication de ce rapport, et contre le gérant du *National* en raison d'un article inséré dans le n° du 5 avril 1848. (Paris, 4 février 1848.) — *Paris, Panckoucke,* 1850, in-8° de 14 p. [Ln^{27} 12671

Tirage à 200 exemplaires.

Le rapport avait été adressé au garde des sceaux le 4 février 1848. Libri, averti le 28, crut prudent de prendre la fuite le lendemain même.

558. **Libri.** — Réponse de M. Libri au rapport de M. Boucly, publié dans le *Moniteur universel* du 19 mars 1848. — *Paris, imp. Plon,* 1848, in-8° de 115 p. [Ln^{27} 12661

Avertissement signé : G. Libri. Londres, le 30 avril 1848.

Une autre édition en a été simultanément publiée en Angleterre. *Londres,* 1848, in-8° de 86 p.

559. **Lacroix** (Paul). — Catalogue raisonné des manuscrits rassemblés par M. Guillaume Libri et possédés aujourd'hui par lord Ashburnham ; précédé d'un mémoire sur les Bibliothèques et les Archives publiques de la France, par Paul Lacroix,... — *Paris, Paulin,* 1849, in-8°.

Cet ouvrage n'a pas été publié. Il en a été tiré seulement quelques bonnes feuilles qui sont restées entre les mains de particuliers et n'ont pas été mises en vente.

560. **Libri** (G.). — Lettre à M. de Falloux, Ministre de l'Instruction Publique... contenant le récit d'une odieuse persécution et le jugement porté sur cette persécution par les hommes les plus compétents et les plus considérables de l'Europe ; suivie d'un grand nombre de documents relatifs aux spoliations qui ont eu lieu, à différentes époques, dans les Bibliothèques et les Archives de la France, par G. Libri, membre de l'Institut, etc. (Londres, le 19 mars 1849.) — *Paris, Paulin,* 1849, in-8° de XVI-327 p. [Réserve. Ln^{27}. 12665

Parmi ces documents relatifs aux spoliations qui ont eu lieu dans les Bibliothèques, p. 194 : *Catalogue de deux cent trois volumes provenant presque tous des principales bibliothèques publiques de la France et de l'Italie, dont ils portent encore l'estampille plus ou moins visible, avec l'indication des libraires qui les ont vendus.*

Deuxième édition : Même année; précédée de la traduction littérale d'un article inséré dans l'*Atheneum* du 12 mai 1849, par M. de Morgan, secrétaire de la Société royale astronomique de Londres.

[Réserve. Ln27. 12665 A

561. **Naudet** (J.). — Lettre à M. Libri,... au sujet de quelques passages de sa lettre à M. de Falloux, ministre de l'Instruction Publique, relatifs à la Bibliothèque Nationale, par J. Naudet,... administr. général de la Bibl. nat. — *Paris, imp. de Crapelet,* 1849, in-8° de 41 p. [Ln27. 12666

On trouve imprimé à la suite : *Note sur quelques passages de la lettre à M. de Falloux, relatifs au département des livres imprimés.* (Signé : Ch. Magnin.)

562. **Cretaine** (A.-C.). — Lettre à M. Naudet,... en réponse à quelques passages de sa lettre à M. Libri,... par A.-C. Cretaine, libraire. — *Paris, Durand,* 1849, in-8° de 8 p. [Réserve. Ln27. 12667

563. **Naudet**. — Rectification d'un passage de ma réponse à M. Libri au sujet de la Bibliothèque Nationale. (Signé : Naudet.) — *(Paris), imp. de Crapelet,* 1849, in-8° de 3 p. [Ln27. 12668

564. **Terrien** (A.). — Aux lecteurs du Bulletin scientifique du *National,* article de A. Terrien, en réponse à plusieurs assertions de M. Libri. Extrait du journal *le National,* n° du 18 mai 1849. — *Paris, Panckoucke,* 1850, in-8° de 12 p. [Réserve. Ln27. 12669

565. **Lacroix** (Paul). — Lettre à M. Hatton, juge d'instruction, au sujet de l'incroyable accusation intentée contre M. Libri, contenant de curieux détails sur toute cette affaire, par M. Paul Lacroix (Bibliophile Jacob),... — *Paris, Paulin,* 1849, in-8° de 64 p. [Ln27. 12663

Ces lettres sont datées du 20 juin au 28 août 1849.

566. **Lacroix** (Paul). — Les cent et une lettres bibliographiques à M. l'Administrateur général de la Bibliothèque Nationale, par M. Paul Lacroix (Bibliophile Jacob), membre de la commission des monuments historiques ... — *Paris, Paulin,* 1849, in-8° de 156 p.

[Inventaire. Q. 7473

Quatre livraisons en deux vol. — Il a paru 46 lettres datées du 23 décembre 1848 au 29 janvier 1850 et distribuées en quatre séries, adressées par le Bibliophile Jacob à M. Naudet.

L'auteur reproche amèrement à l'Administrateur de la Bibliothèque Nationale le désordre des collections dont il avait la garde. Chacune de ces lettres célèbres était accompagnée d'un ou plusieurs volumes ayant appartenu à la Bibliothèque et que M. Lacroix prétendait avoir trouvés par hasard égarés chez des bouquinistes.

Voici la vérité d'après une note de M. Delisle :

« Le 5 mai 1884, M. Paul Lacroix m'a révélé l'origine de la plupart des volumes qu'il avait restitués en 1849 et 1850 à la Bibliothèque Nationale et qui lui ont fourni le sujet des lettres adressées à M. Naudet. Ces livres provenaient de prêts faits par Van Praet à un M. Ménager, député sous la Restauration, qui était mort sans les avoir rendus. M. Lacroix les avait eus d'une veuve qui habitait dans son domaine de Coulommiers ou des environs de Coulommiers, et qui était la fille ou la belle-fille de M. Ménager. »

567. **Jubinal** (Achille). — Lettre à M. Paul Lacroix (Bibliophile Jacob),... contenant un curieux épisode de l'histoire des Bibliothèques publiques, avec quelques faits nouveaux relatifs à M. Libri et à l'odieuse persécution dont il est l'objet, par Achille Jubinal, ex-professeur à la Faculté des lettres de Montpellier. (Paris, août 1849.) — *Paris, Paulin,* 1849, in-8° de 14 p. [Ln[27]. 12664

568. **Brunet** (Gustave). — Lettre au bibliophile Jacob au sujet de l'étrange accusation intentée contre M. Libri, membre de l'Institut, contenant des recherches sur les livres à la reliure de Grolier, sur les volumes elzéviriens non rognés et sur quelques particularités bibliographiques, par Gustave Brunet... (Datée du 15 août 1849.) — *Paris, Paulin,* 1849, in-8° de 32 p. [Ln[27]. 12662

569. **A. A.** — M. Libri, *le National* et *le Moniteur,* article extrait du journal *l'Assemblée Nationale,* n° du 14 septembre 1849, suivi d'une lettre de M. Libri à M. de La Valette, rédacteur en chef de l'*Assemblée Nationale.* — *Paris,* 1850, in-8° de 11 p. [Ln[27]. 12673

L'article signé : A. A. — La lettre de Libri porte : *Londres, le 19 septembre 1849.*

570. **Reiffenberg** (B[on] de). — Bibliothèque de M. Guillaume Libri,... Archives et Bibliothèques de France. (Signé de R. G. [de Reiffenberg]). — *Paris, Panckoucke,* (*s. d.*), in-8° de 4 p. [Ln[27]. 12670

Extrait du *Bulletin du Bibliophile belge,* 1849, t. VI, p. 219.

571. **Ranieri Lamporecchi.** — Mémoire sur la persécution qu'on fait souffrir en France à M. Libri, par M. Ranieri Lamporecchi, président de l'ordre des avocats toscans,.., accompagné des adhésions des professeurs de la Faculté de droit de l'Université de Pise, du président de la Chambre des Députés de Toscane, et de plusieurs autres jurisconsultes éminents, et précédé d'une lettre de M. le chevalier Del Rosso, avocat, à M. le président de la Chambre des mises en accusation de la Cour d'Appel de Paris. Seconde édition. — *Londres, Barthès et Lowell,* 1850, in-8° de 82 p. [Ln27. 12674

La lettre signée Del Rosso porte : Florence, le 15 février 1850.

La 1re édition se compose de 77 p.

572. **Libri.** — Lettre de M. Libri à M. le Ministre de la Justice à Paris suivie d'une lettre du même à M. F***, à Paris. — *Paris, Panckoucke,* 1850, in-8° de 12 p. [Réserve. Ln27. 12675

Ces deux lettres datées de Londres, la première du 29 avril, la deuxième du 30 avril 1850. — Libri se plaint des mesures arbitraires qui l'ont frappé au cours de l'instruction de son affaire.

Une autre édition a été imprimée à Londres, 30 avril 1850, 3 p. in-4°. « Pièce rare qui a été pliée et distribuée sous forme de lettre ; elle est imprimée en très petits caractères compactes.» (Note de Brunet.)

573. **Libri.** — Lettre de M. Libri à M. Barthélemy Saint-Hilaire, administrateur du Collège de France. — *Londres, Barthès et Lowell,* 1850, in-8° de XVI-31 p. [Réserve. Ln27. 12681

La lettre est datée de Londres, le 25 juillet 1850; l'Avertissement du 7 août 1850. — Cette lettre est une réponse de Libri à cette résolution prise à l'unanimité par l'Assemblée des professeurs du Collège de France réunie extraordinairement le 6 juillet : « L'Assemblée des professeurs charge M. l'Administrateur d'écrire à M. Libri, que si le 1er décembre prochain, il n'est pas venu purger le jugement de contumace prononcé contre lui le 22 juin dernier, le Collège de France devra le considérer comme démissionnaire et provoquer son remplacement.»

574. **Libri.** — Lettre de M. Libri à M. le président de l'Institut de France. — *Londres, Barthès et Lowell,* 1850, in-8° de 69 p. [Q. Δ. 8665

A la suite une note contenant la lettre écrite par Libri à M. l'Administrateur du Collège de France, de Londres, le 5 septembre 1850.

575. ***Arrêts,*** décrets et ordonnances relatifs à l'affaire Libri. — *Paris, Panckoucke,* 1851, in-8° de 10 p. [Réserve. Ln27. 12683

Tirage à 200 exemplaires.

Outre les jugements des 10 et 13 août 1850 déjà imprimés dans l'*Affaire Libri* (voy. n° 585), la brochure contient : Arrêt de la Cour d'appel du 16 août 1850 rayant Libri du tableau de l'Université; — Décrets du 1er septembre 1850 déclarant vacante la chaire du Collège de France et vacant son siège à l'Académie des sciences; — jugements des 21 et 27 novembre relatifs à des questions de scellés et d'inventaire.

A la fin de la brochure sont deux lettres : l'une de MM. Lalanne et Bordier du 16 décembre 1850; l'autre de M. Henry Celliez, avocat de Mme Libri, du 19 décembre 1850.

576. **Jubinal** (Achille). — Une lettre inédite de Montaigne accompagnée de quelques recherches à son sujet précédée d'un avertissement et suivie de l'indication détaillée d'un grand nombre de soustractions et mutilations qu'a subies depuis un certain nombre d'années le département des manuscrits de la Bibliothèque Nationale, par Achille Jubinal, ex-professeur de Faculté. — *Paris, Didron,* 1850, in-8° de XVII-116 p. [Réserve. Ln27. 12676

Avec fac-similé.

2e Édition. Même année : *Une lettre inédite de Montaigne à Henri IV, accompagnée de quelques recherches à son sujet,* in-8° de 32 p. tiré à 200 exempl. [Réserve. Ln27. 12676. A

577. ***Bibliothèque Nationale.*** — Observations du Conservatoire au Ministre de l'Instruction publique sur une brochure de M. Jubinal relative à un autographe de Montaigne avec une réponse de M. Paulin Paris à ces observations. — *Paris, Panckoucke,* 1850, in-8° de 11 p. [Ln27. 12678

Tirage à 200 exempl.

La réponse de M. Paulin Paris, adressée à M. le Rédacteur du *Moniteur Universel,* datée du jeudi 28 mars 1850.

578. **Jubinal** (Achille). — Réponse de M. Achille Jubinal aux observations du Conservatoire de la Bibliothèque Nationale sur une brochure relative à un autographe de Montaigne. (Paris, le 2 avril 1850.) — *Paris, Panckoucke,* 1850, in-8° de 8 p. [Ln27. 12679

Tirage à 300 exempl.

A M. le Rédacteur du *Moniteur Universel.*

579. **Lalanne** (Ludovic). — « Une lettre inédite de Montaigne,... par Achille Jubinal » ... (Signé : Ludovic Lalanne.) — *Paris, typ. F. Didot, (s. d.),* in-8° de 5 p. [Réserve. Ln27. 12677

Extrait de la *Bibliothèque de l'École des Chartes,* 3e série, t. I, p. 267;

année 1850. — Compte rendu de l'ouvrage de M. Achille Jubinal : *Une lettre inédite de Montaigne...*

580. **Lepelle de Bois-Gallais** (Fr.). — Encore une lettre inédite de Montaigne, accompagnée d'une lettre à M. Jubinal, relative aux livres imprimés et manuscrits, aux autographes et aux divers fragments précieux qui ont été soustraits à différentes époques de la Bibliothèque Nationale de Paris, et qui se trouvent en Angleterre, par Fr. Lepelle de Bois-Gallais. Avec un fac-similé. — *Londres, Barthès et Lowell,* 1850, in-8° de VII-32 p.

[Réserve. Ln27. 12680

La lettre à M. Jubinal porte : *Londres, le 1er mars 1850.* — Le fac-similé ne se trouve pas dans l'exemplaire de la Bibliothèque Nationale.

581. **Feuillet de Conches** (F.). — Réponse à une incroyable attaque de la Bibliothèque Nationale touchant une lettre de Michel de Montaigne, par F. Feuillet de Conches. — *Paris, Laverdet,* 1851, in-8° de 192 p.

[Inv. Réserve. 841

Le faux titre porte : *Encore une lettre de Montaigne.*

582. **Naudet.** — Réponse de la Bibliothèque Nationale à M. Feuillet de Conches, par M. Naudet,... — *Paris, Panckoucke,* 1851, in-8° de 70 p.

[Inventaire. Q. 7475.

Avec pièces justificatives. — Il s'agissait d'une lettre autographe de Montaigne qui aurait appartenu à la Bibliothèque Nationale et qui se trouvait égarée entre les mains de M. Feuillet de Conches.

583. **M. Libri** et les journaux anglais. — *Paris, Panckouke,* 1851, in-8° de 8 p. [Ln27 12686

3 Articles de journaux anglais avec la traduction : — 1° *Times,* 26 juin 1850 : Vol littéraire en France; — 2° *Times,* 28 juin 1850 : Au Rédacteur du *Times* (lettre de Libri); — 3° *Literary Gazette,* 7 septembre 1850 : Vols de livres.

584. **Royer** (E. de). — Acte d'accusation contre Libri-Carucci. — *Paris, Panckoucke,* 1850, in-8° de 62 p. [Réserve. Ln27. 12672

Fait au parquet de la Cour d'Appel de Paris, le 2 mai 1850. — Le procureur général. (Signé :) E. de Royer. — Suit l'arrêt par contumace rendu par la Cour d'Assises du département de la Seine, le 22 juin 1850. Tirage à part, à 202 exemplaires, d'après les *Suppléments* nos 3 et 4 au *Moniteur* du 3 août 1850. — Ce tirage spécial, achevé le 6 août, était déjà épuisé dans la journée du 7. MM. Lucas et Chenu, éditeurs, ont fait tirer pour chacun d'eux un exemplaire sur papier vert. (Note de Brunet. Suppléments.)

585. ***Affaire Libri.*** — *Paris, typ. Panckoucke, (s. d.),* in-8° de 3 p. [Réserve. Ln27. 12682

Deux jugements rendus : l'un par la Cour d'Assises de la Seine, le 14 août 1850, arrêtant la déchéance de Libri dans l'ordre de la Légion d'honneur; l'autre par le tribunal civil de la Seine, le 13 août 1850, statuant sur une demande de levée de scellés faite par Mme Libri.

586. **Libri.** — (Lettre circulaire de M. Libri annonçant la découverte faite à la Bibliothèque Mazarine, par M. Silvestre, des livres prétendus volés par lui à cette bibliothèque, datée de Londres, le 14 avril 1851, et commençant par ces mots : M., M. Libri, ancien membre de l'Institut de France...) — (*S. l. n. d.,*) in-8° de 4 p. [Réserve. Ln27. 12684

Avec un post-scriptum daté du 20 avril 1851. — Il y en a eu au moins deux éditions différentes.

587. **Jubinal** (Achille). — Un nouvel épisode de l'affaire Libri, ou lettre à M. le Directeur du journal *l'Athenæum,* par Achille Jubinal,... (Londres, le 3 juin 1851.) — *Paris, Didron,* 1851, in-8° de 8 p. [Réserve. Ln27. 12685

M. Jubinal annonce la découverte qu'il vient de faire au British Museum, à Londres, du « prétendu volume de Fabritii, volé par M. Libri à la Bibliothèque Mazarine. »

588. **Mérimée** (Prosper). — Le procès de M. Libri. (Paris, 7 avril 1852.)

Dans la *Revue des Deux Mondes* du 15 avril 1852, nouv. période, t. XIV, pp. 306-336.

589. **Lalanne, Bordier, Bourquelot.** — Affaire Libri. Réponse à M. Mérimée, par MM. Lud. Lalanne, H. Bordier, F. Bourquelot. Deuxième édition avec notes et additions. (6 mai.) — *Paris, Panckoucke,* 1852, in-8° de 32 p. [Réserve. Ln27. 12687

La première éd. a paru dans la *Revue des Deux Mondes,* du 1er mai 1852, en réponse à un article inséré dans le n° du 15 avril. — On a joint à la fin de la brochure une liste des écrits publiés en faveur de M. Libri.

590. ***The Case*** of M. Libri, reprinted from *Bentley's Miscellany,* july 1852. — *London, Rich. Bentley,* 1852, in-8° de 12 p.

Cité dans le supplément au *Manuel du libraire.*

591. **Laboulaye** (Ed.). — La manie des livres, à propos d'un catalogue.

Dans la *Revue des Deux Mondes*, du 1er septembre 1859, 2e période, t. XXIII, p. 212-224.

592. **Libri** (Mme Mélanie). — Pétition adressée au Sénat sur l'affaire de M. Libri, avec une note à l'appui signée par MM. Guizot,... le Mis d'Audiffret,... Prosper Mérimée,... Édouard Laboulaye,... Victor Leclerc,... Paulin Paris,... Jules Pelletier,... Alfred de Wailly,... Romain Merlin,... Henri Celliez, avocat. — *Paris, typ. de Lahure et Cie*, 1861, in-8° de 8 p. Ln27. 12688.

Pétition dans laquelle Mme Libri demande réparation de l'erreur de justice commise contre la personne de son mari. — *Paris*, le 16 décembre 1860. — La pétition de Mme Libri et la note sur l'affaire de M. Libri se retrouvent en tête du rapport de M. Bonjean fait au Sénat dans la séance du mardi 4 juin 1861. (Voy. n° 597.)

593. **Celliez** (Henry). — Mémoire sur les irrégularités de la procédure criminelle suivie contre M. Libri et sur l'application de l'art. 441 du code d'instr. crim. pour la révision de cette procédure, par Me Henry Celliez, avocat à la Cour impériale, avec les adhésions de Me Duvergier,... feu Me Paillet,... Me Senard,... Me Moulin,... Me E. Desmarest,... Me E. Laboulaye,... (Paris, mai 1852). — *Paris, imp. de Ad. R. Lainé et J. Havard,* 1861, in-8° de IV-92 p.
Supplément au «Mémoire sur les irrégularités»... (Signé : Henry Celliez. [5 avril 1861.]) — (*Paris, imp. de A.-R. Lainé et J. Havard,* 1861, in-8° de 16 p. [Ln27. 12689

A la fin du «Mémoire»... : 1re Annexe : Extrait du procès-verbal et de l'inventaire dressés en mai 1851 par le juge de paix et les notaires. — 2e Annexe : Avis de la commission composée de MM. le marquis d'Audiffret, Sainte-Beuve et Merlin.

594. **Celliez** (Me Henry). — M. Libri n'est pas contumax. Consultation de Me Henry Celliez,... sur la pétition adressée au Sénat suivie de l'adhésion de Me Édouard Laboulaye,... membre de l'Institut, et d'une adresse des députés au parlement italien. (Paris, le 15 mai 1861.) — *Paris, imp. de Ad. R. Lainé et J. Havard,* 1861, in-8° de 14 p. [Ln27. 12690

595. ***Sénat.*** Séance du mardi 4 juin 1861. Pétition n° 212 ayant pour objet de signaler des irrégularités qui auraient existé dans une instruction judiciaire contre le sieur Libri, et à la suite de laquelle est intervenu un arrêt de condamnation. — [*Paris,* 1861], in-8° de 98 p. [Le82. 8

Pétition suivie de la note sur l'affaire de M. Libri signée Guizot, le Mis G. d'Audiffret... etc. — Les p. 7-98 de cette pièce contiennent le rapport de M. Bonjean, dont une autre édition est indiquée à l'article suivant.

596. *Sénat.* Extrait du procès-verbal de la séance du 4 juin 1861. Rapport de M. Bonjean, sénateur, sur la pétition de la dame Libri. — *Paris,* 1861, in-8°.

Pages 193-292 du t. IV des *Procès-verbaux du Sénat.*

597. **Bonjean.** — Sénat. Séance du mardi 4 juin 1861. Rapport fait par M. Bonjean, au nom de la deuxième commission, sur une pétition ayant pour objet de signaler des irrégularités qui auraient existé dans une instruction judiciaire dirigée contre le sieur Libri, et à la suite de laquelle est intervenu un arrêt de condamnation.— [*Paris,* 1861,] in-4° de 98 p. [Le^{82}. 8

Les pages 1 à 7 contiennent la Pétition au Sénat de Mme Mélanie Libri.

Tirage à part, à très petit nombre, du compte rendu officiel.

En réponse au *Rapport de M. Bonjean,* Libri a publié un *Supplément au Rapport de M. Bonjean sur la pétition adressée au Sénat au sujet de l'affaire de M. Libri... — Londres,* 1861, in-8° de 15 p., dont il y a eu 3 éditions; la 3e, Londres, 1861, corrigée et augmentée, est in-8° de 20 p. (Brunet, suppl.)

En voici le titre :

598. **Libri.** — Douze mots aux magistrats français. Premier mot. (Signé : G. Libri. Londres, le 3 juin 1861.) — *Londres, W. Jeffs,* 1862, in-8° de IX-20 p. [Réserve. Ln^{27}. 12691

C'est tout ce qui a paru. Pièce rare.

La lettre est précédée d'un Avertissement daté de Londres, le 24 février 1862 et d'un titre qui porte : « Supplément au rapport de M. Bonjean sur la pétition adressée au Sénat au sujet de l'affaire de M. Libri. Ce supplément est rédigé à l'aide des opinions manifestées par Messieurs : Guizot,... Delangle,... Chaix d'Estange,... Lord Brougham,... A. Panizzi,... De Morgan,... Encke,... Lamporecchi,... Stern,... Baron Ricasoli,... etc., et avec des extraits du Times,... Troisième édition corrigée et augmentée. Londres, 1861. » — Elle est suivie d'un « Post-scriptum » et d'une « Addition » datés de Londres, 7 et 19 juin 1861.

On a joint à cet exempl. un fac-similé d'une lettre de Montaigne datée du 22 mai 1585 du British Museum.

599. **Mérimée.** — Discours prononcé au Sénat le 10 juin 1861 à propos de la pétition adressée au Sénat sur l'affaire de M. Libri, par Mme Libri.

Dans le *Moniteur* du 11 juin 1861.

L'orateur appuie la pétition de Mme Libri demandant réparation de l'erreur de justice commise contre la personne de son mari.

600. **Libri.** — Monuments inédits ou peu connus faisant partie du cabinet de Guillaume Libri et qui se rapportent à l'histoire de l'ornementation chez différents peuples. — Seconde édition augmentée de plusieurs planches. — *Londres,* 1864, in-fol. de 14 p. et LX planches. [V

Nous n'avons pas vu la 1re éd. qui contient peut-être 5 pl. de moins que la deuxième.

601. **Delisle** (Léopold). — Observations sur l'origine de plusieurs manuscrits de la collection de M. Barrois, par Léopold Delisle, membre de l'Institut. — *Paris, typ. de Ad. Lainé,* février 1866, in-8° de 72 p. [Q. 7487 *bis*

(Extrait de la *Bibliothèque de l'École des chartes,* 6e série, t. II, p. 193-264.)
Ces mss. provenaient de la Bibliothèque impériale où ils avaient été dérobés. — Un supplément a paru en 1869 sous le titre de : *Note sur le manuscrit latin 5027 de la Bibliothèque impériale,* s. d., in-8° de 4 p. (Extrait de la *Biblioth. de l'Ec. des chartes,* 6e série, t. V, p. 212). — Les *Observations* et la *Note* ont été réimprimées avec des additions en 1883 dans *les Manuscrits du comte d'Ashburnham,* p. 53-122. (Voy. n° 608.)

602. (**Libri**). — A Monsieur Chasles, membre de l'Institut de Paris. Londres, 7 septembre 1867. (Signé : G. Libri.) — (*S. l. n. d.*), in-64 de 3 p.

Cette pièce microscopique, imprimée en caractères minuscules, est la plus rare de la collection, bien qu'elle soit de date récente; elle contient, outre la lettre de M. Libri à M. Chasles, une lettre d'un illustre savant, mathématicien et biographe anglais, M. A. de Morgan, à M. Libri. (Note de Brunet.)

603. **Lorédan Larchey.** — Libri. — [*Strasbourg,* 1869], in-8° de 15 p.

Article de Lorédan Larchey, extrait de l'*Impartial du Rhin.*

603 *bis.* **Bond** (Ed.-A.). — Description of the Ashburnham manuscripts and account of offers of purchase,... — *Londres,* 1883, in-8° de 12 p.

Résumé des pourparlers qui s'engagèrent en 1880 entre le Musée britannique et la Bibliothèque nationale pour assurer à l'Angleterre et à la France le retour de ce qui leur appartenait de droit dans la collection Ashburnham.

604. ***The manuscripts*** of the earl of Ashburnham.
Dans «Eight report of the royal commission on historical manuscripts Appendix. — (Part. III.)» — *London, G. E. Eyre,* 1881, in-fol. de 127 p.

Outre une notice historique sur la bibliothèque du lord, le vol. contient la reproduction des différents catalogues imprimés de cette célèbre collection.

605. **Delisle** (Léopold). — Les très anciens manuscrits du fonds Libri dans les collections d'Ashburnham-Place. (Commuuication faite à l'Académie des inscriptions le 22 février 1883. [Signé : Léopold Delisle]). — *Paris, imp. Schiller*, (1883), in-8° de 23 p. [8° Q. Pièce. 449

Extrait du journal *Le Temps* du 25 février 1883.

606. **Delisle** (Léopold). — Les très anciens monuments du fonds Libri dans les collections d'Ashburnham-Place, par Léopold Delisle. — *Paris, Imp. nationale*, 1883, in-8° de 32 p. [8° Q. Pièce. 285

Extrait des comptes rendus des séances de l'Académie des inscriptions et belles-lettres. (Année 1883, p. 47-75.) — Cet extrait contient plusieurs notes qui ne se trouvent pas dans celui du journal *Le Temps*.

607. **Delisle** (Léopold). — Les manuscrits du comte d'Ashburnham. Rapport adressé à M. le Ministre de l'Instruction Publique et des Beaux-Arts, par Léopold Delisle, administrateur général,... de la Bibliothèque nationale. (Bibliothèque nationale, 28 juin 1883. [Signé : L. Delisle]). — *Paris, H. Champion*, 1883, in-8° de 23 p. [8° Q. Pièce. 331

Extrait de la *Bibliothèque de l'École des chartes*, année 1883. — (Ce rapport a été publié dans le *Journal officiel* du lundi 2 juillet 1883.)

Résumé de la fameuse affaire Libri-Barrois-Ashburnham qui eut son dénouement au mois de février 1888.

608. **Delisle** (Léopold). — Les manuscrits du comte d'Ashburnham. Rapport au Ministre de l'Istruction Publique,... suivi d'observations sur les plus anciens manuscrits du fonds Libri et sur plusieurs manuscrits du fonds Barrois, par M. Léopold Delisle,... — *Paris, Imp. nationale*, 1883, in-4° de VIII-126 p. [4° Q. 185

Le « Rapport au Ministre... » est daté de la Bibliothèque nationale, 28 juin 1883. — A la fin de ce fascicule on a joint une annexe contenant :

I. *Une lettre du comte d'Ashburnham* datée du 16 juin 1869, où le comte d'Ashburnham reconnaît lui-même l'origine suspecte de plusieurs manuscrits du fonds Libri.

II. *Le Jugement du Tribunal de la Seine du 22 décembre 1875* déclarant que la Bibliothèque nationale a valablement fait saisir un ms. détourné en 1804, porté en Angleterre, vendu à Londres en 1873 et remis en vente à Paris en 1874.

Dans ce travail, l'auteur a surtout cherché — d'une part, à établir par des exemples nombreux et positifs, que les collections Libri et Barrois étaient remplies de mss. volés à nos bibliothèques publiques, ainsi que l'ancien comte d'Ashburnham l'avait reconnu lui-même; — d'autre part que, par ce fait, le commerce de ces mss. était pour toujours interdit en France sans qu'aucune prescription puisse jamais être invoquée, ainsi qu'il ressort par le jugement du 22 décembre 1875, circonstance qui diminuait considérablement la valeur marchande de ces mss. et rendait très exagérées les propositions de vente de l'héritier du comte d'Ashburnham.

609. ***Ashburnham*** Manuscripts. Return to an order of the Honourable the House of Commons, dated 27 july 1883; for Copy of papers relating to the purchase of the Stowe collection by Her Majesty's government. — *London, H. Hansard and son*, (1883), in-fol. de 72 p. Ng. 688.

Outre le recueil de documents sur l'affaire Ashburnham, ce volume contient la liste de 166 articles du fonds Libri et du fonds Barrois qui avait été arrêtée par MM. Delisle, Paul Meyer et Julien Havet le 9 mars 1883. — Dans ce document, les 166 manuscrits réclamés sont comptés pour 242 vol. La collection, telle qu'elle a été livrée en 1888, consiste en 255 volumes, portefeuilles ou liasses. (V. Delisle, *Les mss. des fonds Libri et Barrois*... 1888.)

610. **Wright** (Harrison). — The manuscripts of the earl of Ashburnham. Remarks of american news papers. — *Wilkes-Barre*, 1884, in-8° de 23 p.

Recueil d'articles de journaux américains où sont défendus les droits de propriété de la France sur les mss. de la collection d'Ashburnham qui avaient été soustraits à ses bibliothèques publiques.

611. **Lagarde** (Paul de). — Nachrichten von der Königlichen Gesellschaft der Wissenschaften und der Georg-Augusts-Universität zu Göttingen 15 januar, n° 1, 1884. Königliche Gesellschaft der Wissenschaften. Die Handchriftensammlung des Grafen von Ashburnham, von Paul de Lagarde. (Göttingen, 5 décember 1883.) — (*S. l. n. d.*), in-8° de 19 p. [8° Q. Pièce. 340

Brochure dans laquelle l'auteur soutient les intérêts de la France dans l'affaire Ashburnham au nom du droit international «als Schutz gegen Bücherdiebe.»

612. **Delisle** (Léopold). — The manuscripts of the Earl of Ashburnham. Report to the Minister of Public Instructions and Fine arts, by Leopold Delisle, Administrator- general of the National Library. Translated from the french by Harrison Wright, Recording secretary of Wyoming Historical

and geological Society. — *Philadelphia, J. B. Lippincott & Co.*, 1884, in-8° de 32 p. [8° Q. Pièce. 388

613. *Indici* alfabetici per autori et per soggetti e classificazione per secoli dei codici manoscritti della collezione Libri-Ashburnham ora nella biblioteca medico-Laurenziana di Firenze... — *Roma, tipogr. delle scienze matematiche e fisiche*, 1886, in-4° de 34 p.

Estratto dal giorn. *Il Buonarrotti,* serie III, vol. II. quaderno IX, 1886.

Plusieurs des manuscrits, ou fragments de mss. qui entrèrent à la Bibl. de Florence, avaient appartenu à la Bibliothèque nationale.

614. **Delisle** (Léopold). — Sui manoscritti del fondo Libri ceduti dal conte Ashburnham all' Italia. Memoria di Leopoldo Delisle,... Verzione, autorizzata dall' autore, con note. — *Roma, Bencini,* 1886, in-4° de 14 p. [4° Q. Pièce. 89

Ministero della pubblica istruzione. — Extrait du *Bollettino dell' istruzione* de novembre 1886.)

Traduct. de la première partie d'une *Notice sur des manuscrits du fonds Libri conservés à la Laurentienne*, de M. Delisle, parue dans *Notices et extraits des manuscrits*, t. XXXII, 1re partie, p. 1-120.

615. (**Delisle**). — Bibliothèque Nationale. Notice d'un choix de manuscrits des fonds Libri et Barrois exposés dans la salle du Parnasse français. Avril 1888. (Signé : L. D.). — *Paris, typ. G. Chamerot*, 1888, in-8° de 31 p. [8° Q. Pièce. 56

616. **Delisle** (Léopold). — Les manuscrits des fonds Libri et Barrois. Rapport adressé à M. le Ministre de l'Instruction publique,... par Léopold Delisle, Administrateur général de la Bibliothèque Nationale. (Londres, le 23 février 1888). — *Paris, H. Champion*, 1888, in-8° de 6 p. [8° Q. Pièce. 563

Extrait de la *Bibliothèque de l'École des chartes*, année 1888.

Rapport dans lequel M. Delisle rend compte de l'arrangement intervenu entre M. Trübner et la Bibliothèque. (Voy. ci-après.)

617. **Delisle** (Léopold). — Bibliothèque Nationale. Catalogue des manuscrits des fonds Libri et Barrois, par Léopold Delisle,... — *Paris, H. Champion*, 1888, in-8° de XCVI-330 p. [8° Q. 1357

7 planches de fac-similés. — Tableau des manuscrits du fonds Libri et du fonds Barrois recouvrés par la Bibliothèque nationale. — Liste des mêmes manuscrits suivant l'ordre des cotes qu'ils portent à la Bibliothèque nationale. — Explication des planches. — Table alphabétique.

La publication de ce catalogue clôt la célèbre affaire en litige depuis quarante ans et connue sous le nom de « affaire Libri » ou « Ashburnham. »

Dans sa très intéressante préface, M. Delisle, s'appuyant sur des preuves écrites, établit d'une façon péremptoire la culpabilité de Libri. Il résume avec la plus grande clarté l'historique des péripéties sans nombre qui ont suivi les vols multipliés de Libri, la vente de sa collection à lord Ashburnham, le procès de Libri et les tentatives qui, après la mort de lord Ashburnham, furent faites à plusieurs reprises par la France pour rentrer en possession des volumes précieux soustraits à ses bibliothèques publiques.

Cette longue et compliquée affaire reçut enfin dernièrement sa solution espérée. Par l'entremise d'un libraire, M. Trübner, la Bibliothèque, en échange d'un manuscrit du XIVe siècle — *le recueil de poésies allemandes de Roger Manessé* — et d'une somme d'argent de 150,000 francs, recouvra tous les manuscrits des collections Libri et Barrois qui lui avaient été dérobés. — Ce sont ces manuscrits, réintégrés à la Bibliothèque nationale le 23 février 1888, qui font l'objet du catalogue de M. Delisle.

Il a été fait un tirage à part de la préface sous le titre suivant : *Les Manuscrits des fonds Libri et Barrois à la Bibliothèque nationale. Extrait du catalogue de ces manuscrits. — Paris, H. Champion,* 1888, in-8° de XCVI p. Sur la façon dont M. Trübner a conduit cette affaire, voy. son rapport dans le *Centralblatt für Bibliothekswesen* (t. V, p. 225; année 1888). — Voy. aussi, dans *La Bibliophilie*, n° 68, février-avril 1889, un compte rendu *in extenso* du rapport de M. Delisle au Ministre de l'Instruction publique, dans lequel il annonce la conclusion de l'affaire Libri.

TABLE ALPHABÉTIQUE

DES COLLECTIONS ENTRÉES A LA BIBLIOTHÈQUE NATIONALE ET DES NOMS DE COLLECTIONNEURS

10

TABLE ALPHABÉTIQUE

DES NOMS D'AUTEURS ET DES OUVRAGES ANONYMES

TABLE MÉTHODIQUE

Catalogues.

Imprimerie polyglotte Alph. Le Roy, imprimeur breveté, Rennes.

BIBLIOGRAPHIE CONTEMPORAINE

HISTOIRE LITTÉRAIRE DU XIXe SIÈCLE

Manuel critique et raisonné de Livres rares, curieux et singuliers, d'éditions romantiques, d'ouvrages tirés à petit nombre, de réimpressions d'auteurs anciens, etc., depuis 1800 jusqu'à nos jours, avec l'indication des prix d'après les catalogues de vente et de librairie.

Par A. LAPORTE

Tomes I à VII (A-Hugo) 7 volumes in-8. — Prix . . . **70** fr.

BIBLIOGRAPHIE DES CHANSONNIERS FRANÇAIS

DES XIIIe ET XIVe SIÈCLES

Comprenant la description de tous les manuscrits, la table des chansons classées par ordre alphabétique de rimes et la liste des trouvères,

Par Gaston RAYNAUD

Deux volumes in-8. — Prix . . . . **15** fr.

LA ROUMANIE

MOLDAVIE, VALACHIE, TRANSYLVANIE (ancienne Dacie)

LA SERBIE, LE MONTÉNÉGRO ET LA BOSNIE

Par J.-M. QUÉRARD

Brochure in-8. — Prix . . . . **2** fr.

Travail utile et intéressant donnant la bibliographie complète jusques et y compris l'année 1857 de tous les ouvrages relatifs à ces contrées.

ORCHÉSOGRAPHIE

ET TRAICTÉ EN FORME DE DIALOGUE

Par lequel toutes personnes peuvent facilement apprendre et practiquer l'honneste exercice des dances

Par T. ARBEAU

Un volume in-4° imprimé sur papier vergé teinté. — Prix : **30** fr.

Réimpression page pour page de l'édition rarissime de 1588 avec reproduction des gravures sur bois et de la musique qui l'accompagnent, précédée d'une notice sur les danses du XVIe *siècle par* L. FONTA.

MEMORABILIS ET PERINDE STUPENDA

DE CRUDELI MOSCOVITARUM EXPEDITIONE NARRATIO

E GERMANICO IN LATINUM CONVERSA

Duaci ex typographia Jacoby Boscardi, 1563

Trois feuillets in-8. — Prix. . . . . **8** fr. **50**

Réimpression en fac-similé par le procédé Pilinski.

CATALOGUE DE LA BIBLIOTHÈQUE LYONNAISE

DE M. COSTE

RÉDIGÉ ET MIS EN ORDRE PAR **A. VINGTRINIER**

Deux volumes in-8 — Prix . . . . **5** fr.

CATALOGUE DES LIVRES RARES ET PRÉCIEUX

DE LA BIBLIOTHÈQUE DE FEU J.-L.-A. COSTE

Un volume in-8 sur papier fort. — Prix. . . . **1** fr.

Catalogue des Livres imprimés, Manuscrits, Estampes, Dessins et Cartes à jouer

COMPOSANT LA BIBLIOTHÈQUE DE M. C. LEBER

Avec des Notes par le Collecteur. — Tome IV

Un volume grand in-8, papier fort. — Prix. . . . . 5 fr.

Volume supplémentaire qui manque souvent aux exemplaires complets.

CATALOGUE DE LA BIBLIOTHÈQUE D'UN ORIENTALISTE

Par J. THONNELIER

Tome Ier (seul publié)

Un volume in-8 tiré à cent exemplaires sur papier vergé. — Prix. . . 18 fr.

I MANOSCRITTI DELL' I. E R. PALATINA DI FIRENZE

Per F. PALERMO

VOLUME PRIMO

Un volume in-4. — Prix. . . . . 5 fr.

CLASSAZIONE DEI LIBRI A STAMPA DELL' I. E R. PALATINA DI FIRENZE

Per il MEDESIMO

Un volume grand in-8. — Prix. . . . . 5 fr.

BIBLIOTHECA POMPEIANA

BIBLIOGRAFIA DI POMPEI, ERCOLANO E STABIA

COMPILATA DA **F. FURCHHEIM**

SECONDA EDIZIONE

Un volume in-16. — Prix. . . . . 6 fr.

Le même tiré de format gr. in-8, à doubles marges. — Prix. . . 20 fr.

ÉTUDE SUR LA CONSTRUCTION DES BIBLIOTHÈQUES

Par le Comte L. DE LABORDE

Grand in-8. — Prix . . . . 2 fr.

ESSAI HISTORIQUE SUR LA BIBLIOTHÈQUE DU ROI

Par LE PRINCE

Nouvelle édition revue et augmentée des

ANNALES DE LA BIBLIOTHÈQUE

Par Louis PARIS

Un volume in-12. — Prix. . . . . 3 fr. 50

MANUEL DE L'AMATEUR D'ESTAMPES

Par C. LE BLANC

Quatre volumes gr. in-8 imprimés à deux colonnes sur papier vergé, contenant le Dictionnaire complet des graveurs de tous les temps et de tous les pays, le catalogue de leurs œuvres et de nombreux monogrammes. — Prix, broché. . . . . 75 fr.

Le même ouvrage relié en demi-maroquin, coins, tête dorée, ébarbé. — Prix. . . . . 80 fr.

Complément indispensable du ***Manuel du Libraire*** *de Brunet.*

IMPRIMERIE POLYGLOTTE ALPH. LE ROY, RENNES.

www.ingramcontent.com/pod-product-compliance
Ingram Content Group UK Ltd.
Pitfield, Milton Keynes, MK11 3LW, UK
UKHW031849260826
14628UKWH00002B/676

9 782014 094978